회중 안에서 가르치기

가르치는 제자도

KB194837

가르치는 제자도

초판 1쇄 발행 2025년 3월 22일
지은이 폴 M. 레더락
옮긴이 박민희
펴낸이 민상기
편집장 이숙희
본문편집 민경훈
펴낸곳 도서출판 드림북
인쇄소 예림인쇄 **제책** 예림바운딩
총판 하늘유통

·**등록번호** 제 65 호 **등록일자** 2002. 11. 25.
·경기도 양주시 광적면 부흥로 847 경기벤처센터 220호
·Tel (031)829-7722, Fax(031)829-7723

·잘못된 책은 교환해 드립니다.
·이 출판물은 저작권법에 의해 보호를 받는 저작물이므로 무단 복제할 수 없습니다.
·독자의 의견을 기다립니다.
·드림북은 항상 하나님께 드리는 책, 꿈을 주는 책을 만들어 갑니다

회중 안에서 가르치기

가르치는 제자도

폴 M. 레더락 지음 박민희 옮김

드림북

목 차

서언

    결과적으로 새로운 회중을 낳는 복음의 선포는 선교적 과업의 중심에 있다. 복음 전도는 우리의 교회들 가운데 다수의 교회에서 최우선 순위를 차지해 왔다. 그러나 제자를 삼는 것도 예수님이 분부하신 모든 것을 가르치는 것과 연결되어야 한다. 예수님의 파송의 한 면만을 강조하는 것은 교회의 성장과 건강 두 가지 모두를 위험에 빠뜨린다.

    복음 전도, 개인적인 증언 그리고 역사가 짧은 교회들에 유용한 성장에 대해서는 많은 것이 쓰였다. 그러나 이 교회들이 알맞은 가르침에 대해 깊이 생각하고 또 그것을 위해서 계획하도록 고무하는 것에 대해서는 거의 쓰이지 않았다. 결과적으로 신자들이 성숙을 향해 자라가야 함에도 그들은 그렇게 자라가지 못하고 있다. 게다가 성경에 대한 철저한 지식과 교회에 대한 이해가 있는 지도자들이 교회들의 필요를 충족시킬 만큼 충분히 나타나고 있지 않다.

    이 소책자를 쓴 것은 교회 지도자들이 회중 안에서 가르치는 역할에 대해 생각하는 것을 돕기 위해서이다. 회중이 주님이 의도하신 대로 기능을 발휘할 때, 회중의 삶은 진정 효과적인 가르침/배움에 크게 이바지할 것이다. 회중 생활의 이런 특징 중 몇 가지와 그것들이 가르침에 대해 가지는 함의들은 책의 첫 부분에서 자세하게 전개하며, 후반 부분에서는 신약에서 보게 되는 가르침의 내용과 방법 두 가지 모두를 살펴본다.

이 책은 특히 재세례파/메노나이트 신학 입장을 가진 회중을 위해 쓰인, 교회교육에 대한 기본적이면서도 성경에 근거한 접근을 제공한다.

1장
우리의 주님을 따르기

예수님의 파송

교회에서 가르치는 것은 우리 주님의 파송에 근거하고 있다(마 28:18-20). 주님은 제자들에게 모든 민족을 제자로 삼고 그들에게 자신이 분부한 모든 것을 가르치라고 말씀하셨다. 따라서 그리스도인들은 예수님께 순종하여 가르치는데, 예수님은 하늘과 땅에 있는 모든 권세를 주셨고 언제나 자신의 교회와 함께 하신다.

바울의 초기 사역 중에 그 길(the Way)에 관한 가르침은 성선과 회당에서 일어났다. 그다음에 교회가 성장함에 따라 가르침은 회중 속으로 들어왔다. 그리스도인들이 모일 때마다 그리고 모이는 곳마다 가르침이 일어났다.

초기교회에서 신자들은 주님이 자신들을 부르셔서 세상에 있으면서 행하게 하셨다고 이해한 것을 가르쳤다. 그다음에 지금처럼 그와 같은 가르침은 형제들과 자매들이 어떻게 성령 안에서 행하는지(갈 5:25), 그들이 어떻게 사역을 위해 서로를 준비시키는지(엡 4:12), 그리고 그들이 어떻게 젊은 사람들과 늙은 사람들에게 신앙을 전하는지에 대한 그들의 이해에서 발전해 나왔다.

교회 안에서 그리스도인들의 가르침과 양육은 교회의 가르치는 사역으로 알려졌다.

교회는 모이고 흩어진다

회중은 "모이는" 공동체로 살뿐 아니라 "흩어지는" 공동체로 산다. 회중이 "모일" 때, 신자들은 한 몸으로 예배한다. 그들은 성경을 함께 공부한다. 그들은 함께 기도한다. 그들은 서로에게 귀를 기울인다. 그러므로 그들은 자신들의 기독교적 삶과 세상의 필요를 연결한다. 회중이 모일 때, 그리스도인들은 자신들이 흩어질 때 예수님을 따르는 사람들로 살도록 서로를 준비시킨다. 회중 안에서 가르치는 것은 구성원들이 세상에서 증언하며 섬기고, 삶의 결정을 내려야 할 때 예수님을 주님으로 고백하며, 애정 어린 봉사의 행위를 하는 것을 돕는다. 주 예수님은 그리스도인들에게 세상에서 물러나라고 요구하지 않고 오히려 그들을 세상 속으로 보내신다(요 20:21).

회중이 "흩어질" 때, 신자들은 결정과 행동을 요구하는 문제들에 직면한다. 이것들은 부와 여가 시간을 사용하는 방법, 삶의 기준을 선택하는 방법 그리고 좋은 시민이 되는 방법을 포함한다. 그들은 "그리스도의 이름으로" 다른 사람들의 필요를 돌보는 방법, 억압과 부정의와 폭력에 직면하는 방법 그리고 근무 중에 역할을 다하고 또 진정으로 기독교적이라고 불릴 수 있는 방식으로 가정에서 사는 방법을 결정해야 한다. 모든 회중은 주기적으로 반복해서 모이고 흩어진다. 그 둘 사이에는 지속적인 상호작용이 있다. 회중이 모일 때 행하는 것은 회중이 흩어질 때 행하는 것과 관계가 있다. 분명히 회중의 가르치는 사역은 모임과 흩어짐 두 가지 모두와 관계가 있다.

신자들 사이의 관계들

신약은 회중 안에서의 삶의 특징을 묘사하기 위해서 전력을 다한다. 초기교회에서 가르침은 공동체 안에서 일어났다. 신약은 이개인적인 관계들을 많은 방식으로 묘사한다. 신자들은 끊임없이 서로 함께 상호작용했다. 그들은 교회에서 다른 신자들과 함께, 자기 가족들과 함께 그리고 자기 이웃들과 함께 잘 지내는 것을 존중했다. 교인들은 서로 복종했고 자신들을 서로 지체로 여겼다(롬 12:5). 그들은 서로에 대한 사랑을 [밖으로] 나타냈다(요 13:34-35). 한 사람의 교인은 다른 사람에게 덕을 세웠다(롬 14:19). 그들은 서로 권했다(롬 15:14). 그들은 피차 돌보았다(고전 12:25). 그들은 피차 섬겼다(갈 5:13). 교인들은 피차 복종했다(엡 5:21). 그들은 피차 가르쳤다(골 3:16). 그들은 서로를 위로했고(살전 4:18), 서로의 짐을 지었다(갈 6:2). 그들은 자신들의 잘못을 고백했고 서로를 위해 기도했다(약 5:16). 그들은 서로 교제했고(요일 1:7), 서로 대접했다(벧전 4:9).

사람들이 기관보다 더 중요하다

초기교회에는 교인들 사이에 많은 상호작용이 있었다. 회중의 다른 모든 사역처럼, 가르치는 사역은 정해진 형식보다는 사람들 사이의 관계에 더 의존했다. 사람들은 진정으로 기관과 제도를 필요로 하는데, 그러므로 그들은 자신들의 에너지를 사용하여 혼자 할 수 없었던 일을 할 수 있다. 이것은 인간 됨의 일부이다. 복음의 의미에 대한 이해와 우리의 주님께 순종할 방법들에 대한 이해에서 자라가고 있는 사람들은 개인적인 관계가 매우 중요하다는 것을 깨닫는다.

복음의 진리와 신앙의 관계들은 각 회중 안에서 입증이 되어야 한다. 분명히 구조는 필요하나 교인들 사이의 관계가 훨씬 더 중요하다. 예를 들면, 회중 안에는 정규적으로 만나서 알맞은 공부 자료들을 사용하는, 조직이 잘된 주일학교가 있을 것이다. 그러나 만일 회중의 구성원들이 반목하다가 분열하려는 순간에 있다면, 그들은 복음을 입증하고 있지 않다. 화해에 관한 가르침, 적의가 십자가에서 이렇게 끝나는지에 관한 가르침, 형제들에 대한 사랑과 관심에 관한 가르침 그리고 신실함에 관한 가르침은 다투다가 놓치고 만다. 반목하는 회중은 좀처럼 세상에서 복음을 위한 영향력을 발휘하지 못한다. 만일 교회가 복음에 대한 자신의 주장을 삶으로 살아내지 못한다면, 누가 그러한 주장을 진지하게 받아들이겠는가? 교회들은 종종 세상에 증인들로서의 자신들의 사명을 제대로 수행하지 못한다. 왜냐하면 그들은 말과 본으로 복음을 입증하는 사랑의 공동체가 되지 못하기 때문이다.

회중이 동의한 구조들은 원활한 사역 관계들에 이바지할 것이다. 그러나 이 구조들은 사람들과 그들의 은사들과 수행할 사역에서 생겨나야 한다. 종종 회중을 보면 구조들을 사역에 꼭 맞게 하려고 하거나 억지로 맞추려고 하는 것처럼 여겨진다. 성경을 가르치는 것을 재적용하려면 구조들을 사람에 맞추어야지 사람들을 구조에 맞추지 않아야 한다! 은사들과 필요들에 비추어서 새로운 형태들이 나타나게 하면서 구조들을 융통성 있게 유지하는 것은 중요하다. 북미 회중들에서 가르치는 구조들을 진척시키는 데 아주 많은 힘을 쏟았기 때문에 가르침의 새로운 형태들을 추구할 힘은 거의 남아 있지 않다. 이것은 또한 선교의 새로운 비전이나 성령의 은사나 새롭게 확인된 필요에서 새로운 형태들이 출현하는 것을 방해할지도 모른다.

회중이 번창하고 움직이고 살아 있는 몸일 때는 가르치는 사역이 취할 형태를 결정하기가 어렵다. 과거를 비평하지 않고 "예전에는 이렇게 했다"라고 말할 수 있다. 모든 곳에서 그것을 이렇게 해야 한다고 말하지 않고 "이제는 북미에서는 (또는 아프리카에서는, 또는 근동에서는, 또는 동양에서는) 이렇게 한다"라고 말할 수 있다. 각 지역에 있는 회중에게는 보고 듣고 그리고 주님이 자신들을 불러서 하라고 하는 것에 충실하게 응답할 책임이 있다. 미래는 대체로 현재 하나님의 뜻을 구하고 그것에 순종하는 것에 달려 있다.

2장
가르치는 사역의 본질

회중 안에서의 가르침은 장소에 따라 다른 형태를 취한다. 그러나 가르침을 진지하게 받아들이는 회중들은 건전한 원리들에 근거한 가르치는 사역을 원할 것이다. 가르치는 사역과 보조 연구자료들은 다음의 통찰을 반영해야 한다.

1. 가르치는 사역은 회중의 삶을 섬긴다. 가르침은 그 자체가 목적이 아니다. 그것은 ("주일학교와 교회" 같은) 회중의 삶과 분리된 별개의 기능이 아니며 그것에 필적하는 기능도 아니다. 가르치는 사역은 사람들을 교회 생활과 교회의 선교에 온전히 참여하도록 준비시킨다. 그러므로 예배와 가르침을 위해 모이는 것과 증언과 섬김을 위해 흩어지는 것은 밀접하게 관련되어 있다.

2. 가르치는 사역은 복음이 삶 전체와 관계가 있다고 여긴다. 그러므로 가르치는 사역은 모든 신자의 필요를 다룰 만큼 폭넓다. 그것은 성경을 이해하는 법을 다루는 동시에 성경적 진리들과 다양한 개인적인 관심사들뿐만 아니라 전쟁, 가난 그리고 인종과 같은 문제들을 연결하기도 한다.

3. 가르치는 사역과 복음 전도는 하나님이 주신 통일성을 지니고 있다. 그러므로 가르침과 복음 전도는 (서로) 경쟁 상대가 되지 않아야 한다. 왜냐하면 두 가지 모두 복음을 전하기 때문이다! 어떤 사람에게는 복음이 회심-죄의 확신, 회개, 신앙-에 이르는 하나의 용어로 다가올 것이다. 다른 사람에게는 그것이 그리스도를 닮는 것에서의 성장에 이르는 덕을 세우는 일(가르침)의 용어로 다가올 것이다. 복음 전도와 가르침은 서로를 필요로 한다. 둘 중 어느 하나만을

강조하는 회중은 불순종하는 것이다. 게다가 그리스도 안의 새로운 생명과 그리스도를 닮는 것에서의 성장은 모두 성령의 임재와 사역에 의존한다. 그러므로 가르침과 복음 전도는 신자들의 공동체 안에서 생겨나야 한다.

4. 가르치는 사역은 회중의 구성원들에게 결심하고 행동할 준비를 시킨다. 배움은 구성원들이 하나님의 말씀에 비추어서 서로를 살펴보고 서로를 바로잡아주며 서로를 도와서 삶의 문제들을 이해하도록 할 때 회중 안에서 일어난다. 너무나 자주 가르치는 시간이 빠빠힌 시간프들 따르는 나머지 주제를 충분히 발전시키고 토론하는 시간은 너무나 적다. 그 결과 그 그룹이 결정을 내리려는 순간에 종이 울릴 것이다. 그때 모든 것은 중단되고, 설사 계속된다고 하더라도 좀처럼 다시금 같은 방법으로 계속되지는 못한다.

5. 가르치는 사역은 교회와 세계가 어떻게 관련되는지를 명료하게 하는 것을 돕는다. 과거에 그리스도인들은 "세상에 속하지 않는" 것에 대해서 많은 말을 했다. 오늘날 그리스도인들은 자신들이 실로 "세상에" 있다는 것을 더 분명하게 깨닫는다. 그러나 이제 그들은 "세상의 풍조를 따르지 않고" 자신들의 순수함, 정직함 그리고 분리를 유지하기 위해서 도움이 필요하다. 그리스도인들은 세상에서 소금과 빛이지만 어느 순간에 그들은 세상을 이기고 있거나 세상에 지고 있다는 것을 기억할 필요가 있다. 가르치는 사역은 그리스도인들이 악에서 피할 뿐만 아니라 악을 공격할 수 있게 해야 한다.

6. 가르치는 사역은 회중 안에 있는 모든 연령대의 사람을 섬긴다. 어

린이들, 청년들 그리고 성인들은 모두 돌봄을 받되 각 그룹이 자기의 수준에 맞게 돌봄을 받아야 한다. 그와 같은 균형 잡힌 가르침의 프로그램은 성장의 모든 단계에서 모든 사람의 필요에 응한다.

7. 가르치는 사역은 융통성이 있다. 북미에는 주일학교, 여름 성경학교, 소년 클럽, 소녀 클럽과 같은 가르침의 활동이 많이 있다. 이것들은 가르치는 사역을 각각의 부분으로 나누는 경향이 있다. 게다가 이 가르침의 활동들은 종종 고정되어 있어서 바꾸기가 어렵다. 더구나 회중들은 같은 목표를 향해 자신들의 많은 가르침의 활동을 조정하는 것이 어렵다는 것을 깨달았다. 왜냐하면 전체적인 시각을 지닌 사람이 아무도 없기 때문이다.

융통성은 회중이 어느 순간에도 자기의 필요를 충족시키는 가르치는 사역을 개발하게 한다. 이것은 상황과 이행할 일을 연구하고 자료들을 평가하며 그런 다음에 가르치라는 주님의 명령을 이행할 방법들을 개발하는 것이 필요하다. 융통성은 회중이 자기가 직면하는 문제들과 필요들 및 그것들을 충족시킬 다양한 해결책을 고려하도록 고무한다. 점점 더 많은 사람이 다음과 같이 묻고 있다. 하나님은 우리의 회중 안에서 무엇을 원하시는가? 우리에게는 어떤 자료들이 있는가? 우리는 주님의 명령을 수행하기 위해서 무엇을 가르쳐야 하는가? 어떻게 하면 우리는 이것을 가장 잘할 수 있을까? 어떻게 하면 우리는 모든 사람이 그리스도 안에서 하나가 되어 함께 자라가도록 모든 사람의 모든 필요를 위해 가르칠 수 있을까?

3장
회중, 지도하는 공동체

회중 안에서의 가르침을 위한 계획은 신약에 비추어서, 교회가 사는 문화에 비추어서, 역사에 비추어서 그리고 현재의 필요에 비추어서 세워야 한다.

가르침의 프로그램들은-주일학교와 교회 사이의, 평신도와 안수를 받는 사람들 사이의, 가르침과 복음 전도 사이의, 가르침과 예배 사이의 그리고 복음 전도와 훈련 사이의-나눔이나 긴장을 일으키지 않아야 한다.

각각의 회중에는 구성원 중에 은사와 기량이 있는 사람들이 있는데, 그들의 삶은 예수 그리스도의 본을 따라 형성된다. 그와 같은 사람들은 가르침에 관여해야 한다. 모든 회중에는 또한 가르치는 많은 행사와 활동이 있다.

이 행사들과 활동들이 제공하는 배울 점들을 확인하는 것은 중요하다. 다음의 목록은 이것들 가운데 몇 가지를 설명하기 위해서 의도되었다.

설교. 배울 점: 성경의 의미와 그것을 해석하는 방법, 신앙의 이야기를 바꾸어 말하기.

장례. 배울 점: 인생의 불확실성과 덧없음, 죽음을 준비할 필요, 죽음을 넘어서는 그리스도인의 희망.

결혼. 배울 점: 성경이 남자, 여자 그리고 결혼에 관하여 말하는 것, 가정과 회중 사이의 관계들, 기독교 가정의 중요성과 본질.

세례. 배울 점: 교회의 본질, 예수 그리스도의 교회에 들어가는 법.

세족. 배울 점: 교인들이 서로를 섬기는 데 필요한 겸손과 사랑.

교제. 배울 점: 그리스도의 교회를 구성하는 지체들 사이의 하나됨, 예수님의 죽음을 생각나게 하는 것 그리고 예수님의 다시 오심을 고대하기.

상호적 도움. 배울 점: 교인들이 서로를 돌보고 서로를 지원하는 법.

기도. 배울 점: 하나님과 대화하는 법, 말할 내용, 기도가 응답이 될 때 회중은 강해진다.

업무회의. 배울 점: 함께 상의하는 것의 중요성, 하나님의 뜻을 분별하기, 결정하기.

매우 다양한 활동들, 환경들 그리고 사람들이 가르침을 위해 회중에게 도움이 된다. 각 회중에는 가르칠 새로운 방법들을 발견하고 또 회중의 많은 가르침의 활동들이 어떻게 세상에서 회중의 전체 삶과 선교를 풍성하게 할 수 있는지에 대해 생각할 기회가 많이 있다. 주일학교는 전 세계 교회의 많은 지역에서 가르침을 위해 가장 많이 사용된 곳이었다. 교회는 "학교"라는 말 때문에 교육의 방식들에 대해 공립학교에 의지하려는 유혹을 받아왔다. 그러나 회중 안에서의 가르침을 위한 방식들은 회중이 예수님이 의도하신 대로 기능할 때 그것의 본질에 대한 깨달음으로부터 와야 한다.

다음의 단락들에는 회중을 배움의 공동체로 만드는 회중의 16가지 면들이 있다. 이것들로 미루어 판단해 볼 때, 회중은 공립학교와 매우 다르며 가르침과 배움이 일어나는 다른 조직들과도 매우 다르다는 것이 분명하다.

1. 회중은 새 생명의 공동체이다.[1] 예수님은 이렇게 말씀하셨다. "진실로 진실로 네게 이르노니 사람이 거듭나지 아니하면 하나님의 나라를 볼 수 없느니라"(요 3:3). "거듭남"의 개념은 "새 생명"을 연상시킨다. 요한복음 3장 3절은, 거듭남은 하나님의 나라의 새로운 가족과 새로운 시민권 두 가지 모두에 이른다고 가르친다. 그 후에 예수님은 자신이 풍성한 생명으로서 주시는 생명에 관하여 말씀하셨다. "도둑이 오는 것은 도둑질하고 죽이고 멸망시키려는 것뿐이요 내가 온 것은 양으로 생명을 얻게 하고 더 풍성히 얻게 하려는 것이라"(요 10:10).

신자들은 한때 허물과 죄로 죽었다고 바울은 주장한다. 그들은 공중의 권세 잡은 자를 따랐다. 그들은 육체의 욕심을 따라 살았고 결과적으로 진노의 자녀들이었다. 그러나 긍휼이 풍성하신 하나님은 자신의 큰 사랑으로 그리스도와 함께 그들을 살리셨다. 하나님은 하늘에서 그들과 함께 앉으시기 위해서 은혜로 그들을 구원하시고 그리스도와 함께 그들을 일으키셨다(에베소서 2:1-6을 다른 말로 바꾸어 표현했다). 신자의 교회에서 어린이들은 그들이 그리스도의 구원 사역을 깨닫고 그것을 받아들일 책임이 있을 때까지 영적으로 안전하다고 여겨진다.

요점은 간단히 이것이다. 신자들은 한때 죄로 죽었으나 이제는 그리스도 안에서 살았다! 예수님은 새 생명의 공동체가 생기게 하신다. 육신의 출생이나 국가의 시민권이 아니다. 새 생명을 얻는 것은 "성령으로 나는 것"이라고 예수님은 말씀하셨다. 새 생명은 영원한 생명, 곧 하나님 그분 자신의 생명이다. 새 생명을 가진 사람들로 이루어진 하나의 공동체는 확실히 회중을 다른 모든 가르침/배움 공동체와 구분 짓는다.

2. 회중은 사랑의 공동체이다. 예수님은 이렇게 말씀하셨다. "너희가 서로 사랑하면 이로써 모든 사람이 너희가 내 제자인 줄 알리라"(요 13:35). 요한은 이렇게 썼다. "사랑 안에 두려움이 없고 온전한 사랑이 두려움을 내쫓나니 두려움에는 형벌이 있음이라 두려워하는 자는 사랑 안에서 온전히 이루지 못하였느니라"(요일 4:18).

사랑은 새 생명의 공동체 안에서 주된 관계이다. 사랑의 관계는 가르침과 배움 두 가지 모두에서 중요하다.

3. 회중은 성경을 하나님의 말씀으로 받아들인다. 이것은 회중을 그밖의 다른 교육적 상황들과 다르게 만든다. 성경은 공동체에서-이스라엘과 교회에서-발전해 나왔다. 동시에 성경은 사람들을 예수 그리스도께로 향하게 하면서 사람들을 공동체 안으로 인도한다. 성경의 권위는 이 공동체에 의해서 인정되며 그 공동체는 성경을 성령의 감동으로 된 것으로 본다. 공동체인 교회는 많은 종교적 저작으로부터 하나님 백성의 삶을 위한 계속적인 권위를 가지고 있는 책들을 선택했다. 그러므로 성경은 듣고 공부하며 순종하는데 매우 중요하게 된다. 그것은 교회를 바로세운다.

성경은 하나님과 그분의 이야기, 하나님의 계시 이야기 그리고 하나님의 계시에 대한 인간의 응답 이야기를 말한다. 이 이야기는 역사, 시, 잠언, 드라마를 통해 많은 방식으로 말해진다. 그것은 선지자들과 사도들에 의해서 말해진다. 그것은 가르침에 의해서, 명령에 의해서, 약속들에 의해서 그리고 제안들에 의해서 해석된다. 기본적인 줄거리는 이야기다.

성경은 시간과 공간 안에서 일어나는 하나님의 활동의 역사이다. 그것은 하나님의 백성의 충실과 불충실을 기록하는 그들의 역사이자 하나님의 충실, 사랑 그리고 심판의 역사이다. 비록 성경이 구약과 신약 모두를 포함할지라도, 두 가지 모두 하나님의 말씀으로 받아들여진다. 신약은 온전히 그리고 완전히 권위가 있다. 구약 하에서의 계시는 불완전했고 예수 그리스도와 사도들 안에서 올 온전한 계시의 예표와 그림자였다. 그러나 구약을 이해하지 못하면 신약을 이해하는 것이 어렵다. 그와 동시에 신약을 알면 구약을 해석하는 데 도움이 된다.

성경은 공동체의 책이다. 성경에는 회중 생활의 모든 면에 관해 말할 것이 있다. 성경은 예수 그리스도 안에서 계시된 대로 하나님과 그분의 뜻에 순종할 것을 요구한다. 공동체는 마음을 열고 순종할 준비를 하고서 성경에 접근한다.

4. 회중은 평안의 공동체이다. 복음은 평안(peace)의 복음이다(행 10:36; 엡 6:15). 너무나 자주 평안은 주로 내적 평안 또는 깨끗한 양심의 평안으로 해석되었다. 사람들 사이의 평안은 간과되었다. "평안"은 신약에서 100번 이상 나온다. 그것은 구약의 샬롬 개념에 그 뿌리가 있다. 하나님은 평안(평화)의 하나님이시고, 예수님은 평안

의 주님이시며, 성령은 평안을 주신다. 평안은 하나님과 그분의 백성 사이뿐만 아니라 그분의 백성들 사이의 전체성과 화합을 제시한다. 하나님의 백성은 그룹들 안에서 그리고 그룹들 사이에서 화목하게 살아간다.

에베소서 2장에서 비 울은 분쟁 중인 사람들 사이에 평안을 창출하는 문제를 명쾌하게 다룬다. 바울은 예수님이 적대감과 편견, 곧 분쟁을 일으키는 막힌 담을 허신다고 분명하게 밝힌다.

분쟁을 다루는 세상의 방식은 적을 내어쫓거니 없애는 것이다. 차이점들은 승패를 근거로 다루어진다. 패배한 사람들은 의식적으로나 무의식적으로 분을 억누르면서 열등감에 빠진다. 승리한 사람들은 자신들의 승리가 자신들이 옳다는 것을 나타내는 것이라고 믿으면서 우월감에 빠진다. 예수님은 신자들이 그들 가운데 있는 분쟁을 다룰 새로운 방법을 제공하셨다.

예수님은 앙갚음이나 지배를 통해서가 아니라 고난과 죽음을 통해서 화평하게 하셨다. 분쟁을 다스리시는 예수님의 방식에서는 사람들은 희생자들이나 승리자들, 이류나 일류, 열등하거나 우월한 사람들이 아니다. 오히려 예수님은 자신 안에서 새 사람을 지어 화평하게 하신다. 달리 말하면, 예수님은 신자들이 분쟁을 다루는 것을 도우셔서 그들이 함께 성령이 거하시는 거처가 되게 하신다.

그리스도인들은 분쟁과 적의를 일으키는 것들을 다루는 화평하게 하는 사람들이 되도록 부르심을 받았다. 화평하게 하는 사람들은 다툼이 일어나려는 순간에 시작하여 문제의 진상을 규명한다.

그들은 분열이나 적의를 허용하지 않고 서로에 대해 당을 지으려고도 하지 않는다. 화평의 공동체는 모든 신자가 다투고 있는 자신들의 입장이나 역할이 아니라 예수 그리스도 안에서 가지는 공존을 숙고한다. 예수님을 따르는 사람들 가운데에는 오랜 고통, 걱정 그리고 화해가 개인적이고 사회적인 적의와 분열을 대체한다. 그들은 지배나 힘에 의해서가 아니라 십자가의 길을 따름으로써 화평을 확립하고 갈등을 극복한다. 이것이 삶의 메시지이자 방식이다.

5. 회중은 예배하는 공동체이다. 신약에는 예배에 대한 단 하나의 용어는 없다. 한 가지 중요한 용어는 "예전"과 유사한데, 그것은 숭배식(cultic service) 또는 의식을 의미한다. 다른 용어는 경의의 의미, 곧 허리를 굽혀 정중하게 인사하거나 엎드린다는 의미를 지니고 있다.

성경에서 예배는 하나님을 높이고 하나님께 순종하는 것이다. 예배는 드려진다(히 12:28). 그것은 다음의 형식을 취할 것이다.

a. 의식(ceremonial). 구약에서 이것은 희생 제사와 춤추는 것을 포함했다. 신약에서는 말하는 것, 노래하는 것, 교제 그리고 서로를 권고하는 것을 포함했다.

b. 섬김. 하나님을 섬기는 것은 하나님의 말씀을 듣고 애정 어린 순종의 삶으로 응답하는 것을 포함한다. 로마서 12장 1절에서 바울은 신자들에게 그들의 삶을 하나님께 "산 제물"로 드리라고 말한다. 신약 이해의 예고인 미가는, 하나님은 번제물이 아니라 정의,

인자 그리고 겸손하게 행하는 것을 구하신다고 말했다(미 6:8).

예배에 대한 이러한 견해는 우리 시대의 견해들과 뚜렷이 대조를 이룬다. 예배는 종종 묵상과 경건의 시간의 한 형태, 곧 기본적으로 개인과 하나님 사이의 개인적인 문제라고 여겨진다. 다른 견해는, 예배자는 "영적 감흥을 받아야" 한다고 주장한다. 때때로 사람들은 예배에 관하여 "나는 예배에서 얻은 것이 아무것도 없습니다!"라고 말한다. 이렇게 말하는 것은 완전히 요점을 놓치는 것이다. 우리는 예배할 때 하나님께 찬양과 감사를 드린다. 예배자는 [자기의] 즐거움을 기대하지 않아야 한다.

성경에서 예배는 주로 한 그룹의 사람들의 기능이다. 하나님은 사적인 하나님이 아니시다. 하나님은 우상과 같이 "나에게" 속하지 않으신다. 예수님은 자신을 따르는 사람들에게 "우리 아버지"라고 기도하라고 가르치셨다. 따라서 신자들은 그리스도의 몸 안에서 그리스도의 몸과 함께 그리고 그리스도의 몸을 위하여 기도한다. 개인 예배, 곧 기도와 성경 공부 그리고 묵상도 중요하다. 그러나 예배를 사적인 일로 만들고 감성적인 느낌을 강조하려는 경향은 그룹 공부와 예배에 주의를 기울이면서 균형을 잡을 필요가 있다. 공동 예배와 교제에서 많은 것을 배우게 된다.

(1) 신자들이 함께 하나님의 임재 안으로 들어갈 때, 그들은 사람으로서 자신들이 누구이고 그리스도 안에서 연합한다는 것이 무엇을 의미하는지를 배운다. 따라서 그들은 새로운 정체성을 얻게 된다. 사람들은 자신들이 밀접한 관계를 맺고 있는 그룹의 정체성을

입는다.

(2) 그룹 예배와 상호작용을 통해서 신자들은 더 충실한 제자들이 되도록 서로를 돕는다. 그들은 성경을 공부할 때에 그리고 서로에게 순종할 때에 서로 관계를 맺음으로써 예수님을 따르는 것이 의미하는 것의 새로운 차원을 깨닫는다.

(3) 공동 예배를 통해서 신자들은 "예수는 주님이시다"라는 말의 새로운 의미들을 깨닫는다. 예배자들은 찬양, 감사, 경배 그리고 봉헌을 경험한다. 그들은 하나님의 말씀을 듣는다. 교사들과 예언자들은 회중의 구성원들과 대화한다. 이것에서 분별력이 나온다(고전 14:14-33).

회중 안에서 어린이들과 어른들은 함께 예배한다. 어린이들이 어른들과 함께 예배하는 것은 매우 중요하다. 북미에서 공통적인 실천인 어린이들의 교회는 권장 받지 못한다. 빈번하게 어린이들의 교회는 하나님의 정의보다 하나님의 사랑을 더 강조함으로써, 하나님의 심판보다 하나님의 자비를 더 강조함으로써 그리고 역사 안에서 행하시는 하나님의 행위보다 자연물들에 더 초점을 맞춤으로써 복음을 왜곡하는 유치한 신학(childish theology)을 강조하는 경향이 있다. 종종 지도자들은 하나님이 받아 주시는 것을 강조하면서 하나님은 회개를 요구하신다는 것과 하나님은 용서하신다는 것을 무시한다. 마지막으로, 생물학적 가족 안에서의 관계와 삶은 강조하면서도 영적 가족인 교회에서의 삶은 종종 간과한다.

어린이들은 그들이 자신들만의 힘으로 정규적으로 예배한다면

실제로 교회를 경험할 수 있을까? 신자들의 교회는 하나님께 "예" 또는 "아니오"라고 말할 정도로 성숙하고 또 자신들이 결정하는 것의 결과들을 수용할 수 있는 성인들로 이루어진다. 어린이들은 성인들과 함께 예배하면서 그들이 제공하는 제자도의 모범들을 관찰함으로써 기독교 신앙의 중요한 실체들을 배운다.

예배 공동체는 많은 점에서 정치 집회와 비슷하다. 거기에서 참여자들은 자신들의 당을 홍보하고 자신들의 후보자가 당선되도록 노력한다. 자신들의 후보자가 당선되면 크게 기뻐하는 깃에 주복하라! 마찬가지로 예배 공동체는 그리스도의 통치를 확장하는데 헌신한다. 또한 사람들이 그리스도를 믿거나 정의가 승리를 거둘 때 회중 안에 기쁨이 있음을 주목하라. 죄인 한 사람이 회개하면 하늘에도 기쁨이 있다.

6. 회중은 성령에 의해 은사를 받는다. 성령의 은사들은 에베소서 4장과 고린도전서 12장에 목록이 나와 있다. 에베소서 4장에 따르면, 은사들의 목적은 회중의 구성원들이 그리스도 안에서 성숙하게 되어 온갖 교훈의 풍조에 밀려 요동하지 않게 하려는 것이다.

7. 회중은 증인 공동체이다. 교회에는 "좋은 소식"이라고 불리는 메시지가 있다. 회중들은 구성원들에게 개인적으로 다른 사람들에게 전하도록 격려한다. 그러나 회중은 세상에서 색다른 증인이다. 예수님이 말씀하신 대로 회중은 "세상의 빛"(마 5:14)이다.

증언은 성인의 기능이다. 성인들은 성인들에게 제자가 되도록 요청해야 한다! 예수님은 "나를 따라오너라"는 자신의 부르심에 응답한 일단의 성인들에게 둘러싸여 있었다.

8. 회중은 섬기는 사람들의 공동체이다. 회중 안에서 구성원들은 서로를 섬긴다(고전 12:14; 22-26). 성경의 주제는, 하나님의 백성은 제사장들의 나라(kingdom)라는 것이다(출 19:6; 사 61:6; 벧전 2:9; 계 1:6; 5:9-10). 제사장들은 거룩함과 중보를 통해서 섬긴다. 중보자-섬기는 사람들로서의 신자들은 서로 사이에 있는 것이지 서로 위에 있는 것이 아니다. 이런 종류의 본보기나 모범은 중요하다. 세상에서는 주권을 행사하고 통제하는 모범이 대단히 중요하다. 교회에서는 섬기는 사람-중보자들의 모범이 필요하다.

세베대의 아들들의 어머니가 어떻게 자기 두 아들의 지위를 부탁했는지를 이해하는 것은 흥미롭다. "나의 이 두 아들을 주의 나라에서 하나는 주의 우편에, 하나는 주의 좌편에 앉게 명하소서"(마 20:21). 그녀의 요청은 오늘날의 대중적인 조직표를 예시한다. 예수님이 맨 위에 계시고 야고보와 요한은 그 아래에 있다. 하나는 오른쪽에 있고 다른 하나는 왼쪽에 있다.

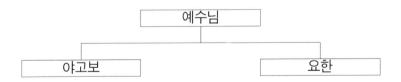

예수님은 그녀의 요청을 들어주지 않으셨다. 예수님은 이렇게 말씀하셨다. "이방인의 집권자들이 그들을 임의로 주관하고 그 고관들이 그들에게 권세를 부리는 줄을 너희가 알거니와 너희 중에는 그렇지 않아야 하나니 너희 중에 누구든지 크고자 하는 자는 너희를 섬기는 자가 되고 너희 중에 누구든지 으뜸이 되고자 하는 자는 너희의 종이 되어야 하리라 인자가 온 것은 섬김을 받으려 함이 아니라 도리어 섬기려 하고 자기 목숨을 많은 사람의 대속물로 주려 함이니라"(마 20:26 20). 예수님을 따르는 사람들은 다른 사람들에게 권력을 행사하는 지위로 올라가는 세상 사람들과는 달리 주님과 서로를 섬기는 사람들로서 아래로 내려간다. 회중 안에서 큰 지위에 있지 않고 권력을 행사할 기회에도 있지 않다. 그것은 섬김에 있다.

9. 회중은 모든 연령 그룹을 포함한다. 초등학교에는 어린이들이 있고 고등학교에는 십대의 청소년들이 있으며 대학에는 청년들이 있다. 이 그룹들 각각은 단지 전체 수명 가운데 일부를 나타낸다. 그러나 회중은 아주 어린 학생들로부터 아주 나이 많은 어른들까지 모두를 포함한다.

회중 안에 있는 모든 사람은 나이에 상관없이 모두의 성장에 이바지할 수 있다. 회중은 본질상 같은 시대의 사람들이 서로에게서 기독교적 행동(Christian walk)을 배우는 색다른 기회들을 제공한다. 왜냐하면 예수님과 관계를 맺는 것은 평생의 과정이기 때문이다.

10. 회중은 제자도의 모범을 제공한다. 바울은 이렇게 말했다. "내가 그리스도를 본받는 자가 된 것 같이 너희는 나를 본받는 자가 되라"(고전 11:1). 하나의 모범으로의 바울은 다른 사람들에게 거만하게 요구하지 않았다. 오히려 그는 다른 사람들에게 따르라고 조용히

초청했다. 왜냐하면 바울은 진정으로 예수님을 따르고 있었고 그분의 주권, 지도 그리고 심판 아래 살아가고 있었기 때문이다. 마찬가지로 신자들은 다른 사람들에게 제자도의 본보기 또는 모범을 제공한다.

11. 회중은 징계받는 공동체이다. 사람들을 예수 그리스도에게로 인도하는 복음은 또한 그들을 가르치고 그들에게 제자도의 삶을 살도록 능력을 부여한다. 회중이 책망과 바르게 함에 관여할 때, 그것은 복음을 전할 때 사람들을 그리스도에게로 향하게 하는 똑같은 복음을 진정으로 받아들이는 것이다. 책망과 바르게 함은 가르침과 배움을 위한 강력한 힘을 작용하도록 한다.

징계(discipline)는 회중의 삶에 해를 끼치기보다는 오히려 회중 안에 있는 모든 사람에게 중요한 배움을 제공한다. 징계의 목적은 잘못을 저지른 개인의 구원이다. 동시에 징계는 회중의 삶과 증언의 순수성을 유지한다. 타락한 사람들이 회복되고 충실한 사람들이 유혹받지 않도록 자신들을 깊이 생각하는 것처럼, 징계를 통하여 모든 사람은 더욱 예수 그리스도처럼 자란다.

목회 서신들은 초기 회중들이 징계받는 공동체로서 다루었던 몇 가지 문제들을 밝혀준다. 바울은 디모데전서에서 디모데에게 다음의 것을 하라고 명령했다. 경건을 이익의 방도로 삼으려고 하는 사람들을 책망하라(딤전 6:5). 지도자들에 대한 고발을 공개적으로 다루라(5:19-20). 거부되어야 하는 문화의 허탄한 신화를 분별하라(1:4; 4:6-7). 통치자들을 위해서 기도하라(2:1-2). 어떤 사람이 지도자의 역할을 해야 하는지(3:1-13), 어떤 사람이 특별한 봉사를 위해서 보냄을 받아야 하는지(4:14), 그리고 어떤 사람이 교회로부터 상호 도움을 받아야 하는지(5:1-16)를 결정하라.

십중팔구 어린이들은 교사와 함께 매우 잘 개발된 커리큘럼 자료들을 가지고 교실에 출석함으로써가 아니라 [회중의] 구성원들이 도덕성과 관계의 문제들과 씨름하는 것을 지켜봄으로써 기독교적 삶에 관해 더 많은 것을 배울 것이다.

12. 회중은 정체성을 가지고 있다. 이 자기인식은 이 세상과 오는 세상에서 하나님의 백성의 과거, 현재의 삶 그리고 미래에 대한 이해에서 생겨난다.

하나님의 백성의 정체성은 그들이 사는 나라들과 관계가 없다. 하나님의 백성은 언제나 거류민과 나그네였다(벧전 2:11). 한 나라의 역사와 하나님의 백성의 역사는 두 개의 다른 흐름을 따른다. 하나님의 백성에게 있어서 역사의 흐름은 예수 그리스도에게로 거슬러 올라가는 동시에 거기로부터 아브라함에게로 거슬러 올라간다. 이것이 그들의 참된 유산과 정체성이다. 이 흐름은 모든 대륙으로, 모든 인종으로 그리고 모든 언어로 흐른다.

십중팔구 하나님의 백성의 정체성은 어떤 다른 출처가 아닌 그들이 단언하는 믿음과 실천에서 나온다. 대개 정체성은 그룹 안에서보다는 오히려 그룹 밖에서 나온다. 왜냐하면 단언들은 다른 사람들이 주목하는 삶과 실천들로 이어지기 때문이다. 하나의 그룹은 아마도 그 자신의 정체성을 세울 수 없을 것이다. 역사적으로 볼 때, 하나님의 백성의 정체성은 세상으로부터 왔다. 안디옥에서 예수님을 따르는 사람들은 최초로 "그리스도인들"이라고 불렸다. 예수 그리스도 및 그분의 교회와의 관계의 상징으로서 성인 세례를 받았던 사람들은 "재세례파들"(Anabaptists)이라고 불렸다. 그리스도와 성경에 순종하여 단언한 믿음과 실천은 정체성을 창출한다. "산 위에 있는 동네가 숨겨지지 못할 것이요"(마 5:14).

13. 회중은 개방성과 정직을 경험한다. 공동체 안에는 누구도 완전하지 않다는 것과 모든 사람은 하나님의 은혜와 용서가 필요하다는 깊은 인식이 있다. 자연적 성향은 하나님으로부터 그리고 서로로부터 숨는 것이다. 이런 성향들은 교회 안에서도 나타난다.

개방적이고 정직한 공동체에는 "사랑 안에서 참된 것을 말하는 것(speaking the truth in love)"(엡 4:15)이 있다. 그룹들 대부분에는 많은 **말하기**가 있지만, 개방적이고 정직한 공동체에서 말하는 것은 **참된 것**이다. 거짓된 가면들은 벗겨진다. 그럼에도 참된 것을 말하는 것이 목표는 아니다. 왜냐하면 참된 것을 말하면 다른 사람들의 감정이 상하거나 다른 사람들의 궁금증을 풀어줄 수 있기 때문이다. 목표는 **사랑** 안에서 참된 것을 말하는 것이다. 그러면 모든 점에서 모든 사람이 예수 그리스도 안에서 자랄 것이다.

개방적이고 정직한 공동체에서는 성공뿐만 아니라 실패도 형제들과 자매들과 함께 나눈다. 우리는 문제들을 가지고 있다는 것을 드러낼 자유가 있다. 동료 신자들은 유심히 듣는데, 이는 그저 자신들의 호기심을 충족시키기 위해서가 아니라 도움을 주고, 유사한 필요들을 고백하고, 지원하고 기도해 주고, 그들에게 조언하기 위해서이다. 그와 같이 개방할 때 성령은 모든 사람의 삶에서 더 완전하게 역사하신다. 개방적이고 정직한 공동체에서 신자들은 바울이 했던 다음의 말의 참됨을 더 분명히 깨닫는다. "[그러나] 우리가 이 보배를 질그릇에 가졌으니 이는 심히 큰 능력은 하나님께 있고 우리에게 있지 아니함을 알게 하려 함이라"(고후 4:7).

개방적이고 정직한 환경은 배움을 촉진한다. 왜냐하면 사람들은 자유롭게 경험하고 낡은 행동들에서 벗어나며 새로운 행동들을 경험하기 때문이다. 실수를 감추거나 허세를 부릴 필요가 전혀 없다. 왜냐하면 공동체가 용기를 주고 참아주며 지원하기 때문이다.

14. 회중은 구성원들의 가족을 걱정한다. 회중의 세례 받은 구성원들은 성숙한 신자들이다. 많은 구성원은 결혼했고 가족이 있다. 많은 구성원은 결혼하지 않았다. 세상이 성을 우상화하는 경향이 있었듯이, 교회는 가족을 우상화하는 경향이 있었다. 게다가 교회는 미혼인 사람들을 간과해왔다. 결혼 여부는 한 사람의 구성원이 회중 생활에 이바지하는 효용과는 아무런 관계가 없다. 오직 하나의 선택, 곧 **제자도**만 있다. 하나의 공동체 안에서 결혼, 미혼 또는 독신은 제자도를 나타내는 방식들이다.

사도 바울은 미혼인 사람들을 옹호하면서 단호하게 말했다(고전 7장). 그러므로 만일 회중 가운데 미혼의 성인 구성원들이 열등한 구성원들처럼 느껴진다면, 그 회중은 충실하지 않은 것이다.

회중 안에서 가족생활 교육을 위한 계획을 세울 때 회중과 구성원들의 가족들 사이의 이 관계를 염두에 두어야 한다. 회중은 각 가족을 강화하려고 함으로써 강해지는 것이 아니다. 오히려 신약은 회중의 가르치는 사역이 회중을 위한 주님의 계획을 성취할 때 구성원들의 가족들이 강화된다고 제시한다.

신약은 회중을 제외하고 가족들에게 직접 말하지 않는다. 오히려 가족생활은 무엇보다도 회중 안에서 다루어졌다! 바울은 가족에 대한 모든 관심을 먼저 회중들에게 표명했다. 바울은 고린도교회에 보내는 한 편지에서 남편과 아내의 관계에 대해 가르쳤다. 에베소서를 수신한 회중에게는 남편과 아내 사이의 사랑에 대한 자신의 통찰을 썼다.

회중 안에서 가족생활의 문제들을 다루다 보면 신자들이 가정에서 실천할 수 있는 통찰과 배울 점이 나타난다. 기혼이면서 가족이 있는 구성원들은 자유롭게 문제들을 함께 나눈다. 그들은 회중 안에 있는 그들의 가족들과 자매들을 통해 용기를 얻고 도움을 받는다. 영적 가족으로서의 회중의 구성원들 내부에는 가족들의 문제를 돕는데 필요한 통찰과 경험이 있다.

15. 회중에는 리듬이 있다. 큰 집회로 모이고 **소그룹**으로 모이는 리듬이 있다. (두 모임에 참여하는 것은 각 구성원에게 중요하다.) **선포**(설교)와 서로를 **가르치고 훈계하는** 리듬이 있다. **모이고 흩어지는** 리듬이 있다. 곧 예배하고 서로를 준비시키기 위해 모이고 증인들과 종들로서 세상으로 흩어지는 것이다.

이 리듬들은 깊게 관련되어 있다. 흔히 큰 집회에서 설교는 하나의 주제(theme)를 따르며. 그다음에 소그룹에서 가르침과 권면은 다른 주제를 따른다. 만일 큰 집회에서 그리고 소그룹에서 주제들이 관련되어 있다면, 그것들은 자세히 토론할 수 있고 모든 사람에게 명료해진다. 잘못된 개념들은 바로잡을 수 있고 그 그룹은 수동적인 듣기와 말하기에서 행동으로 나아갈 수 있다.

16. 회중은 세상에서 하나님의 행위를 위한 출발점이다. 회중은 세상에서 하나님의 사랑을 실천한다(롬 5:5). 하나님이 세상에서 역사하시는 것은 바로 교회를 **위해서** 그리고 교회를 **통해서**라고 바울은 강조한다(엡 1:19-23, 3:9, 10). 게다가 교회의 지체인 사람들은 예수 그리스도 안에서 **선한 일을 위하여** 지음을 받은 사람들이다.

배움의 공동체로서의 회중의 이 16가지 측면은, 회중 안에서의 가르침은 회중의 본성과 삶에서 생겨야 한다는 것을 입증한다. 그럴 때, 가르침의 사역은 강화되고 질이 높아질 것이다. 이것들을 진지하게 받아들일 때, 하나님의 의도에 들어맞는 가르침의 사역이 생겨날 것이다. 회중은 공립학교와 같은 교회 밖에 있는 학습 기관들의 약점을 본뜨는 것을 피할 것이다. 하나님이 가르침/배움을 위해 각 회중에게 부여하신 가능성의 풍부함과 범위를 깨닫게 되면, 회중 안에서 롭고 더 순종적인 교육의 형태들에 대한 탐구를 시작해도 좋을 것이다.

4장
가르침의 자료를
실행에 옮기기

다른 나라 교회들에 속한 사람들 가운데에는 가르침의 자료들을 효과적인 가르침의 사역의 열쇠로 보는 이들이 있을 것이다. 그들은 이렇게 말한다. "만일 우리에게 커리큘럼 자료들이 있었다면, 우리는 그 일을 할 수 있었을 겁니다!" 다른 극단에는 모든 연령을 위한 많은 연구자료를 가지고 있음에도 자신들의 실패를 커리큘럼 탓으로 돌리는 북미 사람들이 있다. 이런 사람들 가운데에는 이렇게 말하는 이들이 있다. "만일 우리에게 **다른 출판사의** 커리큘럼 자료들이 있었다면, 우리는 그 일을 할 수 있었을 겁니다!"

두 견해는 커리큘럼이 다할 수 없는 역할을 그것에 부여한다. **커리큘럼 자료들이 자체를 가르치지는 못한다.** 그것들은 도구일 뿐이다. 가르침/배움이 일어나려면 학습자들이 필요하다. 때때로 최고의 커리큘럼 자료들이 빈약하게 사용되기도 하고, 때때로 가장 빈약한 커리큘럼 자료들이 유능한 교사들에 의해서 효과적으로 사용되기도 한다.

많은 나라에서 커리큘럼 자료들을 쓰고 삽화를 넣고 인쇄하여 창고의 선반에 놓아두었다. 거기에 그것들이 그대로 남아 있다. 왜 그런가? 누군가 커리큘럼 자료들이 필요하다는 것을 알고 있었지만, 아무도 그 자료들을 어떻게, 누가, 누구와 함께, 언제 그리고 어디에서 사용해야 하는지를 생각하는 똑같이 중요한 작업을 하지 않았기 때문이다. 만일 커리큘럼 자료들을 사용해야 할 환경을 주의 깊게 정하고 조성하지 않는다면, 그 자료들은 사용하지 못하게 될 것이다. 커리큘럼 자료들은 가르침의 프로그램을 지원한다. 대개 그것들은 그것을 만들어내지 못한다.

요약하면, ⓐ 커리큘럼 자료들은 가르침을 위한 도구들·이다. 그것들은 가르침의 프로그램을 지원한다. ⓑ 가르침의 프로그램은 커리큘럼 자료들이 만들어지기 전에 개발되어야 한다. 가르침의 사역이 회중의 선교를 뒷받침한다면, 커리큘럼도 가르침의 사역을 뒷받침하게 된다.

성경과 회중의 삶의 실이 커리큘럼 자료들보다 더 중요하다. 각 회중은 목적이 있고 회중이 자신의 중심적 목적을 이해하는 것은 중요하다. 그때 회중은 자신이 누구를 가르치고 무엇을 가르치고 어떻게 가르치고 어디에서 가르치며 언제 가르치는지를 더 분명하게 식별할 수 있다. 이 문제들은 커리큘럼 자료들이 생산되거나 선정되기 전에 연구해야 한다.

따라서 커리큘럼 자료들은 교회 생활, 교회의 목적들 그리고 분명하게 이해된 교회의 교육적 필요들에서 생겨 나올 것이다.

커리큘럼 자료들은 회중 안에서의 가르침에 3가지 중요한 차원들을 제공해 준다.

1. **균형.** 균형 잡힌 가르침의 사역에서는 기독교 신앙의 모든 요소가 주목받고 강조된다-구약/신약 자료들에는 적절한 역점이 있다. 내용과 경험이 강조된다. 제자도의 모든 면이 강조된다.

2. **포괄성.** 학습자는 모든 내용을 공부할 것이며 교회가 가르침

의 사역에서 포함하기를 원하는 모든 경험을 할 것이다.

3. 순서. 커리큘럼의 각 부분은 그것의 앞부분과 관계가 있어야 하고 뒷부분과도 관계가 있어야 한다. 커리큘럼은 학습자들의 성장과 경험을 고려한다. 내용, 개념들 그리고 경험들은 순서대로 올 것이다. 그러므로 배움은 서로 연결될 것이며 서로를 기반으로 할 것이다.

커리큘럼 자료들은 3가지 영역-ⓐ 정보와 배경 이해, ⓑ 절차를 위한 제안 그리고 ⓒ 참여를 위한 기회-에서 교사들과 학생들을 구체적으로 안내한다.

5장
가르침을 위해
그룹을 나누기

신약에는 초기교회에서의 가르침을 위한 구조들에 관한 기록이 거의 없다. 서신서들은 약간의 단서를 제공한다. 초기교회에서 조직은 영적 성취의 단계들을 반영하는 것으로 여겨졌다. 사람들을 그룹으로 나누는 것은 연령이나 공부할 특정 주제에 대한 흥미가 아니라 기독교적 삶에서의 진보에 의해서였다.

히브리서 5장 11절-6장 1절은 전형적인 3단계의 그룹 나누기를 반영한다. "초보"(first principles)로 일하던 사람들(12절), "선과 악을 분별"할 수 있는 사람들(14절), 그리고 "완전한" 사람들(6:1)이 있었다. "완전한" 사람들의 단계는 예수님의 가르침의 목표였다. "그러므로 하늘에 계신 너희 아버지의 온전하심과 같이 너희도 온전하라"(마 5:48). 그것은 바울의 목표이기도 했다. "우리가 온전한 자들 중에서는 지혜를 말하노니"(고전 2:6). "지혜에는 장성한[온전한] 사람이 되라"(고전 14:20). 성령의 은사의 목표는 "성숙한[온전한] 사람"(엡 4:13)이다.

바울에게 있어서 온전하다(perfect)는 것은 기본적으로 하나의 과정이었다. "내가 이미 얻었다 함도 아니요 온전히 이루었다 함도 아니라"(빌 3:12). 바울은 달려가야 했다! "온전히 이룬 사람들"에 속한 사람들은 같은 태도를 지니고 있었다(빌 3:15). 이것은 또한 히브리서 저자의 견해였다. 곧 성숙 또는 온전은 하나의 과정이라는 것이다. 온전하다는 것은 모든 상황에서 적절한 응답을 할 수 있는 능력이 있다는 것이다. 이런 의미에서 예수님은 온전하셨다. 히브리서 5장 8-9절은 예수님이 온전하게 되는 과정에 있었다고 말한다. 바울은 또한 모든 사람을 그리스도 안에서 완전한 사람으로 세우기를 간절히 바랐다. 그리고 에바브라는 골로새교회 교인들이 "하나님의 모든 뜻 가운데서 완전하고 확신 있게"(골 4:12) 서도록 그들을 위해 기도했다.

요한일서는 3단계 그룹 나누기, 곧 "자녀들," "아비들" 그리고 "청년들"(요일 2:12-14)을 언급한다. 바울은 히브리서 저자와 같이 "어린아이들"(infants), "아이"(babes), 또는 "어린아이"(children) (고전 3:1; 13:11; 14:20; 엡 4:14)를 인정했다. 이 사람들은 "온전한 자들(grown men)," "장성한 사람(mature)," 또는 "온전한 사람"(고전 2:6; 13:11; 14:20; 엡 4:13)과 대조를 이룬다.

많은 점에서 초기교회에서의 단계들은 한 사람이 먼저는 "아들"(13세에서 20세까지), 그다음에는 "선과 악을 알고 있는" 사람(20세와 더 나이 든 사람), 그리고 마지막으로 "장성한"(perfect) 사람(결혼하고 세금을 내고 희생제물을 드리며 성인의 책임을 실천하는 사람들)이 되는 유대 관습을 따랐다.

신약 시대 직후의 역사로부터 우리는 또한 입회의 단계들, 곧 세례를 받지 않은 초신자들, 세례를 받은 훈련 받은 사람 그리고 정식 교인들이 있다는 것을 알고 있다. 나이가 비슷하거나 관심사가 비슷한 사람들끼리 함께 공부하게 하면 아마도 많은 이점이 있을 것이다. 젊은이들, 중년 그리고 다른 사람들이 함께 공부할 때, 그들은 서로 배울 수 있다. 만일 회중들이 영적 성장단계가 비슷한 사람들끼리 모여 공부하도록 한다면 어떤 일이 생길까?

6장
배움의 과정을 이해하기

신약에서 "교사"에 해당하는 가장 중요한 단어는 "교훈을 주는 정통한 사람" 또는 "학교 교사"를 뜻한다. 그것은 읽기나 음악과 같은 분명한 기술을 가르치는 사람 또는 체계적인 가르침을 제공하는 사람과 관련이 있다. 교사를 의미하는 헬라어는 교사가 자신이 가르치는 것을 전달할 체계적인 방법을 사용한다는 것을 시사한다.

교사에 해당하는 이 단어는 신약에서 58번 나오는데, 그중 복음서에 48번 나오고 41번은 예수님과 관계가 있다! 사도행전과 서신서들에서 기독교 공동체 안에 있는 일단의 지도자들은 "교사들"로 불린다(행 13:1; 고전 12:28; 엡 4:11).

교사에게는 일반적으로 일단의 제자들이 있었다. 이 제자들은 교사에게 들음으로써 뿐만 아니라 교사의 모범들을 관찰함으로써 배웠다. 예수님과는 달리, 예수님의 제자들과 초기교회의 지도자들은 스스로 "스승"(Master) 또는 "교사"라는 칭호를 취하지 않았다는 것을 주목하는 것은 흥미롭다. 그러나 초기교회에서 교사들은 식별이 가능한 지도자 그룹을 형성했다. 고린도전서 12장 29절에서 그들은 사도와 선지자 다음에 나오며, 에베소서 4장 11절에서는 사도, 선지자 그리고 복음 전하는 자 다음에 나온다. 교사들의 과업은 회중이 하나님의 말씀과 뜻을 분명하게 이해하도록 이끌어주는 것이었다.

"가르친다"라는 동사와 "교사"라는 명사는 어미가 같다. 가르친다는 것은 교사에게 있다고 여겨지는 지식과 교사가 보여준 모범

두 가지 모두를 함축했다. 실제로 학생들이 내용으로부터 가능한 한 가장 높은 개인적인 발달로 나아가는 교량을 제공한 것은 교사의 모범이었다.

"가르친다"라는 동사는 신약에 95번 나오는데, 그것들 가운데 3분의 2가 복음서와 사도행전에 나오며 바울의 저작에 10번 나온다. 일반적으로 말해서 가르침은 예수님의 공적 사역의 아주 중요한 특징이었다. 예수님에게 있어서 회당과 성전은 가르침의 장소였다. 누가복음 4장 20절에 의하면, 예수님은 회당에서 성경을 읽으려고 일어있고 읽은 다음에는 앉아서 가르치셨다.

때때로 "가르친다"는 것은 기독교 진리 전체를 설명하는 것이었다. 사도행전 18장 11절을 보면, 바울은 고린도에서 하나님의 말씀을 가르치고 있었다. 아볼로는 예수님에 관한 것을 자세히 가르쳤다(행 18:25). 사도행전의 마지막 단락은 바울이 어떻게 주 예수 그리스도에 대해 가르치고 있었는지를 말해준다. 이런 의미에서 가르치는 것은 예수님에 **관한**(about) 가르침과 예수님**의**(of) 가르침을 포함했다. 예수님은 제자들에게 자신이 분부한 모든 것, 곧 자신의 삶과 말씀의 전체 메시지를 가르치라고 보내셨다. 바울은 또한 이 동사를 사용하여 예수님의 가르침을 설명했다(엡 4:20; 골 2:7; 살후 2:15). 신약에는 "배운다"로 번역된 헬라어 단어가 몇 개 있다. 이 단어들 가운데 하나는 "제자"라는 단어에 대한 어근을 제공한다. 예수님은 이 동사를 종종 사용하셨다. "나의 멍에를 메고 내게 배우라"(마 11:29). 무화과나무의 비유를 배우라(마 24:32). 바울도 그것을 몇 번 사용했다. 그리스도를 배우기(엡 4:20). 자족하기를 배우기(빌 4:11). 항상 배우지만 결코 진리를 아는 지식에 이를 수 없는 사람들 (딤후 3:7). "그러나 너는 배우고 확신한 일에 거하라 너는 네가 누구에게서 배운 것을 알며"(딤후 3:14). 히브리서 저자는 예수님이 그가 받으신 고난을 통해 순종을 배웠다고 말했다(히 5:8).

또 하나의 헬라어 단어는 다양한 방식-양육(nurture, 엡 6:4), 교훈 (instruction, 딤후 3:16), 징계(chastening, 히 12:5, 7, 8, 11)-으로 번역된다. 바울은 자기 자신의 교육 배경-"우리 조상들의 율법의 엄한 교훈을 받았고"(행 22:3)-을 언급할 때 동사형을 사용했다. 바울은 또한 디모데에게 거역하는 자를 온유함으로 훈계하라고 썼다(딤후 2:25). 그리고 디도에게는 "하나님의 은혜가 나타나 우리를 양육하시되 경건하지 않은 것과 이 세상 정욕을 다 버리고…"(딛 2:11-12)라고 썼다.

세 번째 단어도 다양한 방식으로 번역된다. 그러나 그것의 주된 의미 중 하나는 비슷함의 개념을 가지고 있다. "제자가 그 선생보다 높지 못하나 무릇 온전하게 된 자는 그 선생과 같으리라"(눅 6:40). 그것은 데살로니가전서 3장 10절에서 사용되었는데, 그들의 믿음이 부족한 것을 보충하도록 하려는 것이다. 그것은 갈라디아서 6장 1절에 다시 나온다. 여기에서 죄를 범한 형제는 그가 죄를 범하기 전에 살았던 삶을 살도록 회복되어야 한다. 이 단어는 히브리서 13장 21절의 축복의 말에도 나오는데, 거기에서 하나님은 모든 선한 일에 신자들을 온전하게 하여 자기 뜻을 행하게 하신다. 바울은 고린도후서에서 자신의 말을 끝맺을 때도 이 단어를 사용했다. "마지막으로 말하노니 형제들아 기뻐하라 온전하게 되며"(13:11).

요약하면, 신약은 종종 교사들, 가르침 그리고 배움을 언급한다. 예수님은 자신을 교사로 여기셨다. 교회에도 교사가 있었다. 가르침은 내용과 모범 두 가지 모두를 포함했다. 학습자는 교사를 따르는 사람이거나 제자였다. 학습자가 제대로 가르침을 받으면 교사와 같이 되었다.

7장
초기교회에서의 가르침

신약에서 가르침의 내용은 6개의 영역으로 나뉘는 것 같다.

1. 초기교회는 구약을 가르쳤다. 구약은 초기교회의 성경이었다. 초기 그리스도인들은 구약을 공부했다. 왜냐하면 그것은 예수 그리스도를 가리킬 뿐만 아니라 그분의 인격과 사역을 명료하게 하는 데 도움이 되었기 때문이다. 구약에 대한 지식이 없이는 신약이 예수님에 관하여 말하는 모든 것을 이해하는 것은 거의 불가능했다. 예수님은 거듭 구약을 언급하셨다. 요한계시록과 히브리서와 같은 많은 신약 책들은 구약에 대한 타당한 배경 지식이 없다면 거의 이해할 수 없다.

2. 초기교회는 예수님의 말씀을 공부하고 전했다. 오늘날 그리스도인들은 예수님의 출생, 죽음, 부활 그리고 재림을 강조하면서도 예수님의 삶과 가르침은 등한시하는 경향이 있다. 이 불균형은 신경들(creeds)에 반영되어 있는데, 그것들은 "동정녀 마리아에게서 나시고"에서 "본디오 빌라도에게 고난을 받아 십자가에 못 박혀 죽으시고"로 건너뛴다. 초기교회는 예수님의 가르침을 주의 깊게 공부함으로써 이 문제를 피했다. 예수님은 제자들에게 자신의 말씀이 그들 안에 거해야 한다고 말씀하셨다. 바울은 또한 이렇게 썼다. "누구든지 다른 교훈을 하며 바른 말 곧 우리 주 예수 그리스도의 말씀과 경건에 관한 교훈을 따르지 아니하면 그는 교만하여 아무것도 알지 못하고 변론과 언쟁을 좋아하는 자니 이로써 투기와 분쟁과 비방과 악한 생각이 나며"(딤전 6:3-4).

바울은 거듭 예수님의 말씀과 예수님의 비유적 표현들에 대해서 언급한다. 예를 들면, 바울은 에베소의 장로들과 만났을 때 그 밖의 다른 곳에서는 나오지 않는 예수님의 말씀을 인용했다. "주는 것이 받는 것보다 복이 있다"(행 20:35). 예수님의 삶과 말씀은 가장 중요하다. 그것들은 하나님이 어떤 분이신지 그리고 하나님이 사람들에게 어떻게 살도록 의도하셨는지를 밝혀준다. 요한이 베드로가 예수님에게 했던 말을 기록한 것은 우연이 아니다. "주여 영생의 말씀이 주께 있사오니"(요 6:68).

3. 초기교회는 교리를 가르쳤다. 신약에는 교리적 진술이 많이 있나. 이 신술들은 짧고 명쾌하다. 초기교회의 많은 구성원은 글을 읽을 수 없었고 교육을 받지 못했기 때문에 교리는 쉽게 이해하고 쉽게 묵상하고 쉽게 함께 나누는 방식으로 가르쳐야 했다.

교리적 진술들에 대한 예들이 몇 가지가 있는데, 그것들은 종종 시나 찬송의 형식으로 제시되었다.

> 곧 창세 전에 그리스도 안에서 우리를 택하사 우리로 사랑 안에서 그 앞에 거룩하고 흠이 없게 하시려고 그 기쁘신 뜻대로 우리를 예정하사 예수 그리스도로 말미암아 자기의 아들들이 되게 하셨으니 이는 그가 사랑하시는 자 안에서 우리에게 거저 주시는 바 그의 은혜의 영광을 찬송하게 하려는 것이라.
> (엡 4:4-6)

> 너희 안에 이 마음을 품으라 곧 그리스도 예수의 마음이니 그는 근본 하나님의 본체시나 하나님과 동등됨을 취할 것으로 여기지 아니하시고 오히려 자기를 비워 종의 형체를 가지사 사람들과 같이 되셨고 사람의 모양으로 나타나사 자기를 낮

추시고 죽기까지 복종하셨으니 곧 십자가에 죽으심이라 이러므로 하나님이 그를 지극히 높여 모든 이름 위에 뛰어난 이름을 주사 하늘에 있는 자들과 땅에 있는 자들과 땅 아래에 있는 자들로 모든 무릎을 예수의 이름에 꿇게 하시고 모든 입으로 예수 그리스도를 주라 시인하여 하나님 아버지께 영광을 돌리게 하셨느니라. (빌 2:5-11)

하나님은 한 분이시요 또 하나님과 사람 사이에 중보자도 한 분이시니 곧 사람이신 그리스도 예수라 그가 모든 사람을 위하여 자기를 대속물로 주셨으니 기약이 이르러 주신 증거니라. (딤전 2:5-6)

크도다 경건의 비밀이여, 그렇지 않다 하는 이 없도다 그는 육신으로 나타난 바 되시고 영으로 의롭다 하심을 받으시고 천사들에게 보이시고 만국에서 전파되시고 세상에서 믿은 바 되시고 영광 가운데서 올려지셨느니라. (딤전 3:16)

이는 하나님의 영광의 광채시요 그 본체의 형상이시라 그의 능력의 말씀으로 만물을 붙드시며 죄를 정결하게 하는 일을 하시고 높은 곳에 계신 지극히 크신 이의 우편에 앉으셨느니라. (히 1:3) 이러한 대제사장은 우리에게 합당하니 거룩하고 악이 없고 더러움이 없고 죄인에게서 떠나 계시고 하늘보다 높이 되신 이라. (히 7:26)

이 구절들은 시의 형식이나 음악의 형식에 맞춰진 간략하고 간결한 진술들을 사용함으로써 오늘날에 교리를 가르칠 수 있는 방법들을 제시한다.

4. 초기교회는 윤리와 도덕을 가르쳤다. 도덕적 가르침의 한 가지 형

태는 삶의 정황과 관계가 있다. 다양한 위치에 있는 사람들이 행동하는 방법-예를 들면, 아내로서, 남편으로서, 자녀들로서, 노예들로서 또는 상전들로서-을 배웠다. 골로새서 3장 18절-4장 5절과 에베소서 5장 21절-6장 9절을 보라.

서신서들은 덕과 악덕의 빈번한 목록-육체의 일(갈 5:19-21), 성령의 열매(갈 5:22-24), 그리고 일련의 덕과 악덕(엡 4:25-5:2)-을 포함한다. 에베소서 4장은 악덕을 먼저 기술하고 다음으로 덕을 기술하며 그다음에는 덕을 실천하기 위한 원리를 기술한다. 예를 들면 다음과 같다.

> 도둑질하는 자는 다시 도둑질하지 말고[악덕]
> 자기 손으로 수고하여 선한 일을 하라[덕].
> 돌이켜 가난한 자에게 구제할 수 있도록[원리]. (엡 4:28, 영어성경 순서임-역주)

에베소서 5장 3-14절에서 바울은 악덕 목록을 만들고 빛과 어둠 사이의 차이를 논하며 세례의 찬가로 결론을 짓는다.

> 잠자는 자여 깨어서
> 죽은 자들 가운데서 일어나라
> 그리스도께서 너에게 비추이시리라.

바울은 몇몇 종류의 행동을 죽이는 것, 악덕들을 버리는 것 그리고 새 사람을 "입는 것"에 대해서 쓴다(골 3:5-9). 새 사람은 골로새서

3장 12절에서 더 자세하게 묘사되는데, 거기에서 신자들은 기독교적 덕을 "입으라"라는 당부를 받는다. 이 모든 것은 사랑에서 절정을 이루는데, 그것은 모든 것을 "온전하게" 매준다. 이 부분은 신자들에게 그리스도의 말씀이 그들 안에 거하게 하라고 요청하면서 결론을 짓는다. 그것은 신자들에게 모든 지혜로 시와 찬송을 부르며 하나님께 감사하면서 서로를 가르치고 훈계하라고 요청한다.

그와 같은 목록을 포함하는 다른 구절들은 다음과 같다.

■ 고린도전서 6:9-11. 여기에서 바울은 그러한 악덕을 행하는 사람들은 하나님의 나라를 유업으로 받지 못할 것이라고 강조한다. 그는 신자 가운데 이런 악덕 중 몇 가지를 행했으나 예수 그리스도의 이름으로 씻음을 받고 거룩하게 되며 의롭다 하심을 받은 것을 언급한다.

■ 디모데전서 1:9-11. 여기에서 바울은 바른 교훈과 그리스도의 복음과 상반되는 악덕들을 목록으로 만든다.

■ 디모데후서 2:22. 여기에서 바울은 디모데에게 정욕을 경고하고 덕들을 목록으로 만든다. 3장 2-5절에서 바울은 마지막 날에 악한 사람들의 경건하지 않은 행동을 설명한다.

■ 디도서 3:33. 여기에서 바울은 그리스도 안의 새로운 삶과 중생의 씻음 및 성령 안에서 새롭게 되기 이전의 행동을 비교한다.

이러한 덕과 악덕의 목록, 곧 벗어버리고 입어야 할 것들은 단순한 목록 이상의 것이다. 이 목록들을 비교해보면, 그것들은 정말로 교회 구성원들의 도덕적 가르침을 위한 개요라는 것이 분명해진다. 마찬가지로 각 단어를 통해서 학습자의 마음이 어떤 행동을 피하고 어떤 행동을 해야 할지가 명백해진다.

5. 초기교회는 회중의 삶을 사는 법을 가르쳤다. 서신서들의 많은 구절은 회중 안에서 사업을 하는 법, 지도자들을 선발하는 법(딤전 3; 딛 1:5-9), 미망인들을 돌보는 법(딤전 5:3-16), 교회 지도자들에게 삯을 주는 법(딤전 5:17-19), 교회 지도자들에 대한 고발을 다루는 법(딤전 5:19-21), [하나님께] 드리는 법(고후 8:9; 고전 16:?)을 말한다.

6. 초기교회는 신앙을 전하는 법을 가르쳤다. "예수는 주"(딤전 6:13-14)라는 중심적인 고백을 하는 것을 많이 강조했다. 이것은 수도 신성들을 암송하는 문제가 아니었다. 왜냐하면 참된 제자는 삶 전체에서 예수 그리스도의 주되심의 의미를 발견하려고 했기 때문이다. 그는 주님께 순종하는 데 전념하여 말과 행위로 다른 사람들에게 복음을 전했다.

신약에는 이 6가지 영역을 모두 또는 그것들의 조합을 포괄하는 것처럼 보이는 헬라어 단어가 많이 있다. 이런 단어들 가운데 하나는 "가르침"으로 번역된다. 때때로 이 단어는 예수님의 삶과 말씀을 포함하여 예수님의 가르침 전체를 지칭하기 위해서 사용된다. 때때로 "가르침"이란 단어는 사도들의 가르침 전부를 포함했다(행 2:42). 때때로 그것은 기독교적 생활양식을 의미했다. 부정적인 면, 이 단어는 바리새인들의 생활양식을 나타내는 데 사용되었다(마 16:12).

"가르침 전체"를 나타내는 하나의 단어가 밀접하게 관련되어 있다. 이 단어는 목회서신에서 가장 공통적인 것으로 신약에서 21번 사용되며 그중 15개가 거기에 나온다. 그 단어는 예수님 안에서 성취된 하나님의 역사적 계시와 관계가 있다. 때때로 이 단어는 "진리의 체계들"이라는 의미를 지니고 있다. 예를 들면, 디모데후서 3장 16절인데, 거기에서 성경은 "교훈에 유익하다."

가르침에는 "옳은" 체계와 "그른" 체계가 있다는 것을 주목해야 한다. 에베소서 4장 14절에서 바울은 "교훈의 풍조"에 관하여 썼다. 골로새서 2장 22절에서 바울은 "사람의 가르침"을 언급한다. 디모데전서 1장 10절에서 바울은 "바른 교훈을 거스르는" 가르침에 관하여 쓰며 디모데전서 4장 1절에서는 귀신의 가르침이나 체계에 대해서 말한다.

기독교적 가르침 전체를 포괄하는 세 번째 용어는 "전통"이다. 때때로 이 말은 영어 성경에서 "법령"으로 번역된다. 그러나 "전통"이 더 빈번하게 사용되는 것이다. 바울은 그가 "전통들"을 전해준 대로 그것들을 지키는 것에 관하여 썼고(고전 11:2), "우리에게서 받은 전통"에 관하여 썼다(살후 3:6). 그는 형제들에게 "굳건하게 서서 말로나 우리의 편지로 가르침을 받은 전통을 지키라"(살후 2:15)고 권했다. 바울에게 있어서 기독교적 가르침 전체는 "전통"이다. 그것은 주님에게서 오며(고전 11:23) 바울에게서 온다(고전 15:3). 바울과 예수님이 가르치신 것은 "사람의 전통"과 반대다(막 7:8; 골 2:8). 최근에 북미에서 "전통"이라는 말은 평판이 나빠졌다. 그러나 바울과 다른 신약 저자들에게 있어서 경건과 전통을 높이 평가하는 것 사이에 아무런 갈등이 없었다. 그것은 기독교적 가르침 전체를 의미했다.

기독교적 가르침 전체와 관계가 있는 2개의 다른 용어가 있다. 하나는 디모데전서 6장 20절-"네게 부탁한 것"-에 나온다. 이것의 이면에 있는 의미는 "기탁물"이다. 기독교적 진리는 부탁받은 "좋은 기탁물"이다. 두 번째 용어는 디모데후서 2장 12-14절에 나오는데, 그것은 헬라어에서 "건강한 말씀들"을 의미했던 "건전한 말씀들"이다. 이것들은 사도에게서 오기 때문에 지켜져야 한다. 그것들은 또한 그리스도 예수께 속했고 성령이 빌기셨다.

요약하면, 초기 기독교교회는 가르침을 강하게 강조했다. 그리스도인들은 구약성경과 예수님의 가르침을 주의 깊게 공부했다. 그들은 시와 음악을 통해서 교리를 가르쳤고 신앙이 어떻게 한 사람의 행위와 관계가 있는지를 보여주었다. 그들은 또한 회중의 삶을 사는 법과 다른 사람들에게 신앙을 전하는 법을 가르쳤다. 다음 장에서는 초기 그리스도인들이 그들의 가르침의 활동에서 사용했던 방법들 가운데 몇 가지를 살펴본다.

8장
진리를 전하기

초기교회는 가르침의 2가지 방법을 사용했는데, 가르침과 배움의 활동은 대부분 그것의 범위 안에 놓일 수 있다. 그 첫 번째 방법은 내용을 전달하거나 전하는 것이고, 두 번째 방법은 모범이나 예를 보이는 것이다.

예수님의 **말씀**(내용)과 그분의 **삶**(모범)이 가르침이었다. 바울에게도 마찬가지였다. 바울은 기독교 신앙의 내용과 일상생활에서 그것을 실천할 필요성을 강조했다. "끝으로 형제들아 무엇에든지 참되며 무엇에든지 경건하며 무엇에든지 옳으며 무엇에든지 정결하며 무엇에든지 사랑 받을 만하며 무엇에든지 칭찬 받을 만하며 무슨 덕이 있든지 무슨 기림이 있든지 이것들[내용]을 생각하라 너희는 내게[모범] 배우고 받고 듣고 본 바를 행하라 그리하면 평강의 하나님이 너희와 함께 계시리라"(빌 4:8-9). 이 장에서는 내용을 전하는 것을 탐구하고 다음 장에서는 그것을 실천하는 것을 탐구할 것이다.

구약과 신약은 모두 개인에서 개인으로, 세대에서 세대로 진리를 전해주면서 진리의 **전파**를 강조한다. 전파의 한 가지 방식은 하나님의 위대한 행위의 이야기와 그분의 백성에 대한 그것의 의미를 말하는 것이었다. 신약에는 이것에 대한 2개의 잘 개발된 예가 있다.

1. 사도행전 7장의 스데반의 설교. 여기에서 하나님의 행전은 아브라함에서 예수님의 죽으심과 부활까지 거슬러 올라간다. 스데반은 또한 사건들을 말하는 것에 덧붙여 그것들의 의미를 해석했다.

2. 히브리서 11장의 충실한 사람들의 목록. 거기에서 저자는 충실한 사람들의 모범을 한 사람씩 예로 든다.

신약에서 두 단어, 곧 "받았다"와 "전했다"는 전파의 방법을 묘사한다. 때때로 이 단어들은 함께 나온다.

> "내가 너희에게 **전한** 것은 주께 **받은** 것이니 곧 주 예수께서 잡히시던 밤에 떡을 가지사." (고전 11:23)
> "내가 **받은** 것을 먼저 너희에게 **전하였노니** 이는 성경대로 그리스도께서 우리 죄를 위하여 죽으시고." (고전 15:3)

때때로 바울은 **받았다**만을 사용했다. 그는 사람들로부터 복음을 받지 않았다(갈 1:12). 빌립보 사람들은 바울로부터 가르침을 **받았다**(빌 4:9). 데살로니가 사람들은 바울로부터 하나님의 말씀을 **받았다**(살전 2:13). 데살로니가 사람들은 또한 바울에게서 사는 법과 하나님을 기쁘시게 하는 법을 **배웠다**(또는 받았다)(살전 4:1). 바울은 그들이 자신에게서 **받은** 전통과 부합하지 않는 게으르게 살아가는 것에 대해 경고했다(살후 3:6).

바울은 또한 **전했다**만을 사용했다. 예를 들면, 로마서 6장 17절에서 바울은 "너희에게 **전하여** 준 바 교훈의 본"에 대해 언급했다. 누가는 자신의 복음서의 앞부분에서 자신이 "처음부터 목격자와 말씀의 일꾼 된 자들이 **전하여** 준 그대로"(눅 1:2) 이루어진 일들의 이야기를 편찬했다고 썼다.

유다도 "성도에게 단번에 **주신** 믿음의 도를 위하여 힘써 싸우라는 편지로 너희를 권하여야 할 필요"(3절)에 관하여 썼다. 그리고 베드로는 믿음을 저버린 사람들에 관하여 쓰면서 "의의 도를 안 후에 **받은** 거룩한 명령을 저버리는 것보다 알지 못하는 것이 도리어 그들에게 나으니라"(벧후 2:21)고 말했다.

신약에서 **설교**(preaching)는 또한 **전파**의 한 형태이다. 신약에서 많은 헬라어 단어들은 영어 단어 "설교하다"로 번역된다.

"설교하다"로 번역된 더 중요한 단어들 가운데 하나는 신약에서 약 61번 나왔다(마태복음에서 9번, 마가복음에서 14번, 누가복음에서 9번 그리고 사도행전에서 8번). "설교하다"라는 이 단어의 기본적인 의미는 전령이 되는 것인데, 특히 시합에서 승리한 사람들 가운데 전령이 되는 것이다. 대개 이 단어는 잘 선정된 용어들과 상냥한 목소리로 학술 강연이나 교양 강좌를 하는 것과는 관계가 없다. 오히려 그것은 한 사건을 공표하는 것과 관계가 있다. 지나가는 말로 하면, 요한의 저작들에서 (요한계시록 5장 2절을 제외하고는) "설교하다"는 나오지 않는다는 것에 주목해야 한다. 요한은 "증언"(순교자라는 단어의 어근)이라는 단어, 곧 전령의 외침보다는 오히려 증언이라는 단어를 사용한다.

때때로 이 단어 "설교하다"는 복음의 본질, 곧 그리스도를 **전하는**(preach) 것(행 8:5)과 관계가 있으며, 우리가 **전하는**(롬 10:8) 믿음의 말과 관계가 있다. 바울의 메시지의 중심은 십자가에 못 박힌 그리스도를 **전하는** 것(고전 1:23)이었다. 그는 디모데에게 그 말씀을 전하라고 말했다(딤후 4:2). 초기교회는 하나님의 개입이 선포를 통해서 일어난다고 믿었다.

"설교하다"로 번역되는 또 하나의 단어는 엄숙한 종교적 메시지의 의미를 지니고 있었다. 이 말은 사도행전에 11번 나오며 바울의 서신에 6번 나온다. "[그들은] 하나님의 말씀을 …**전할새**"(행 13:5). "내가 너희에게 **전하는** 이 예수"(행 17:3). "이와 같이 주께서도 복음 **전하는** 자들이 복음으로 말미암아 살리라 명하셨느니라"(고전 9:14). "어떤 이들은 투기와 분쟁으로, 어떤 이들은 착한 뜻으로 그리스도를 **전파하나니**"(빌 1:15). "우리가 그를 **전파하여** 각 사람을 권하고"(골 1:28). 주의 만찬에서 말해지는 말들은 그리스도를 **전한다**(고전 11.26). 이 단어는 예수님이라는 유일하고 역사적인 실세에 소셉을 맞추기 위해 사용되었다.

때때로 설교(선포)와 가르침이 함께 나오기도 한다. 예를 들면, "하나님의 나라를 **전파하며** 주 예수 그리스도에 관한 모든 것을 담대하게 거침없이 **가르치더라**"(행 28:31). "그러면 다른 사람을 **가르치는** 네가 네 자신은 가르치지 아니하느냐 도둑질하지 말라 **선포하는** (preach) 네가 도둑질하느냐"(롬 2:21).

설교(선포)는 공공연하게 행해지는 경향이 있었던 반면에 가르침은 회당에서 행해졌다고 말들을 한다. 가르침은 의로운 사람들이 지식을 늘리도록 회당에서 성경을 해설해주는 것이었다. 설교(선포)는 하나님이 자기 백성의 한가운데서 행하고 계신 것을 전령이 거리에서 그리고 마을에서 외치는 것이었다. 그러나 누가복음 4장 21-30절에 따르면, 설교는 회당에서도 행해졌다.

종종 설교하다로 번역된 다른 단어는 종교 강연이나 강론(sermon)

을 하는 것과 관계가 있다. 흠정역(KJV)에서 이 말은 종종 "논쟁"(disputing)으로 번역된다. 바울은 성전에서(행 24:12), 두란노 서원에서(행 19:9), 그리고 드로아의 교회에서(행 20:7, 9) 그룹에게 말했다.

"설교"로 번역되는 다른 단어가 있다. 그것은 종종 예수님에 대해서 사용되었다. 특히, 누가복음에서 그것은 종종 그리스도를 전할 때에 사도들의 선교 활동들과 관련하여 사용되었다(행 5:42). 그들은 두루 다니면서 말씀을 **전했다**(행 8:4). 빌립은 선교 활동을 할 때 그리스도에 관한 것들을 **전했고** 여러 마을에서 복음을 **전했으며** 에디오피아에서 온 사람에게 예수님을 **전했다**(행 8:12, 25, 35).

이 말은 특별히 선교를 강조한다. 그것은 사도행전 14장과 15장에서 이방인들에 대한 바울의 설교와 관련하여 사용된다. 로마서 10장 15절에서 바울은 이사야를 인용하면서 평화의 복음을 **전하고** 좋은 소식을 전하는 자들의 발을 언급한다. 복음을 **전하는** 것(고전 1:17)은 사도들의 "모든" 활동을 요약하는 것 같다. 옛 선지자들이 자신들의 메시지를 거의 전하지 않을 수 없었듯이, 바울은 [복음을] 전하라고 하나님이 강권하시는 것을 느꼈다(고전 9:16). 바울은 지역을 넘어서 복음을 전하기를 원했다(고후 10:16). 그는 이방인들 가운데서 전하는 것에 관하여 썼다(엡 3:8). 이 단어는 다수의 증인-제자들, 사도들 그리고 복음 전도자들-과 관련하여 사용되었다. 그것은 말하기 이상을 의미한다. 그것은 좋은 소식을 선포하기 위해서 하나님의 온전한 권위와 능력 아래에서 설교하는 것을 의미한다.

"말하다"를 의미하는 헬라어 단어는 때때로 "설교하다"로 번역된다는 것 또한 주목해야 한다(막 2:2; 행 8:25을 보라).

신약에서 다른 단어들은 또한 믿음은 어떻게 다른 사람들에게 전해질 수 있는지에 대한 이해에 이바지한다. 이것들 가운데 하나는 "권면하다"(권하다)이다. "확증하며 **권하여**"(행 2:40). "머물러 있으라 **권하고**"(행 14:22). "형제를 **권면하여**"(행 15:32). 이 단어는 또한 흠정역에서 "권하다"로 번역된다. "형제들아…너희를 **권하노니**"(롬 12:1). "형제들아 내가…너희를 **권하노니**"(롬 15:30). "형제들아 내가 너희를 **권하노니**"(롬 16:17). 또한 고린도전서 1장 10절, 고린도전서 16장 15절, 고린도후서 10장 1절, 에베소서 4장 1절 그리고 데살로니가전서 4장 10절을 보라.

권함과 권면은 지도자들과 신자들이 서로에게 행했다. 권면은 매일 행해야 했다(히 3:13). 신자들은 "오직 권하여 그 날이 가까움을 볼수록 더욱 그리하"(히 10:25)면서 함께 만나야 했다.

다른 단어는 "명하다"이다. 바울은 이렇게 썼다. "결혼한 자들에게 내가 **명하노니**"(고전 7:10). "너희에게 **명한** 것 같이"(살전 4:11). "너희에 대하여는 우리가 **명한** 것을"(살후 3:4). "형제들아 우리 주 예수 그리스도의 이름으로 너희를 **명하노니**"(3:6). "우리가 너희와 함께 있을 때에도 너희에게 **명하기를**"(3:10). "이런 자들에게 우리가 **명하고**"(3:12). "너는 이것들을 **명하고** 가르치라"(딤전 4:11). 또한 "네가 또한 이것을 **명하여**"(딤전 5:7). "[내가 네게 **명한**] 이 명령을 지키라"(딤전 6:14). 또는 "네가 이 세대에서 부한 자들을 **명하여**"(딤전 6:17). 이 말은 권위 있는 출처에 근거한 훈령을 시사한다. 그것은 군사 훈련에

기원을 두고 있다.

　요약하면, 구약과 신약 모두 진리를 전하거나 신앙의 내용을 전해주는 것을 강조한다. 이것은 받아서 전하는 것을 통해서, 설교, 가르침, 권면, 권함 그리고 명령을 통해서 행해졌다. 신약은 또한 배우는 과정에서 예수님과 사도들의 본을 강조한다. 이것이 다음 장의 주제이다.

9장
제자도의 본을 보이기

초기교회는 진리를 전하는 것뿐만 아니라 **본**을 보이는 것을 강조했다. 2개의 헬라어 단어가 이 진리를 예증하는데, 거기에서 "본받다"와 "흉내내다"와 같은 영어 단어들이 나왔다.

첫 번째 단어는 대개 "따르다," 특히 하나의 본을 **따르는** 것으로 번역된다(하나의 본을 따르는 것[살후 3:9], 지도자들의 본을 따르는 것[히 13:7]).

바울은 두 번째 단어를 여러 번 사용한다. "나를 **본받으라**"(고전 4:16). "내가 그리스도를 본받는 것처럼 나를 **본받으라**"(고전 11:1). 데살로니가 사람들은 바울을 **본받는 사람들**이 되었다(살전 1:6). 바울은 그들에게 "너희가 그리스도 예수 안에서 유대에 있는 하나님의 교회들을 **본받은 자**"(살전 2:14)가 되라고 가르쳤다.

다른 단어는 "모양(form)" "본(보기)," 또는 "모범"으로 다양하게 번역된다. "교훈의 본(form)"(롬 6:17), "이러한 일은 우리의 **본보기가** 되어"(고전 10:6). "이런 일은 본보기가 되고"(고전 10:11). 신자들은 바울을 **본받았다**(빌 3:17). 교회들은 "모든 믿는 자의 **본**이 되었"다(살전 1:7). 바울은 디모데에게 "믿는 자에게 **본**"이 되라고 말했다(딤전 4:12). 디도는 "선한 일의 **본**"을 보여야 했다(딛 2:7). 지도자들은 "양 무리의 **본**"이 되어야 했다(벧전 5:3).

본을 보이는 것은 신약에서 교육과 관련하여 특별하게 강조하는 것이다. 가르침에서 본의 역할은 예수님의 사역과 깊이 관련되어 있다. "무릇 온전하게 된 자는 그 선생과 같으리라"(눅 6:40). 가르침과 배움에 대한 예수님의 이해는 교사가 학습자에게 모범을 보인다는 것이다.

성부, 성자를 위한 모범

예수님은 성부가 자신에게 모범을 보이셨다고 말했다. "아들이 아버지께서 하시는 일을 보지 않고는 아무 것도 스스로 할 수 없나 니 아버지께서 행하시는 그것을 아들도 그와 같이 행하느니라"(요 5:19).

"아버지가 행하는 그것을 아들도 그와 같이 행한다"는 말은 유대 인의 잠언이었다. 그것은 아버지가 아들에게 직업을 가르치는 과 정에서 나왔다. 아들은 아버지가 일하는 것을 보면서 배웠다. 그 과정에서 그는 자기 아버지처럼 되었다. 예수님은 성부와의 관계 에서 (친히) 이 가르침의 방법을 보셨다. 예수님은 자신이 보신 것만 을 행하셨다. 예수님은 아버지가 모범을 보이신 대로 성부에게 배 웠다.

예수님은 종종 성부를 모범으로 언급하셨다. 요한복음 5장 20절 에서 예수님은 이렇게 말씀하셨다. "아버지께서 아들을 사랑하사 자기가 행하시는 것을 다 아들에게 보이시고 또 그보다 더 큰 일을 보이사 너희로 놀랍게 여기게 하시리라." 예수님의 사역은 자신을 보내신 성부의 사역이었다(요 9:4). 또한 요한복음 10장 32절, 37절, 38절을 보라.

예수님은 사역을 마치실 때쯤에 자신이 성부와 같이 되었다고 강조하셨다. 예수님은 이렇게 말씀하셨다. "나를 본 자는 아버지를 보았거늘"(요 14:9).

예수님, 제자들을 위한 모범

성부가 성자에게 모범을 보이셨듯이, 예수님은 제자들에게 모범을 보이셨다. 예수님은 12명의 사람을 택하셔서 **자신과 함께 있고** (막 3:14) 자신의 본을 배우게 하셨다. 마가복음 1장 16-17절, 누가복음 5장 27-28절 그리고 마가복음 8장 34-36절에서 예수님은 "나를 따르라!"고 강조하셨다.

예수님은 자신을 믿는 자는 자신이 하는 일을 (그도) 할 것이라고 말씀하셨다(요 14:12). 이것은 성부/성자 관계와 유사하다. 또한 요한복음 5장 19-20절에 나오듯이 "더 큰 일"이라는 반복어에 주목하라.

예수님은, 제자들과 함께 일하시는 자신의 방식은 **본**을 보여주는 것임을 분명히 하셨다. 예수님은 자신이 손수 제자들의 발을 씻어주실 때 이것을 행하셨다(요 13:15). 제자들은 **예수님이 사랑하신 대로** 사랑해야 했다(요 15:12). 그리고 성부가 예수님을 보내셨듯이, 예수님은 제자들을 보내셨다(요 20:21).

초기교회는 예수님이 모든 제자를 위한 모범을 보여주셨다는 것을 인식했다. 바울은 자신의 서신들에서 여러 번 이것에 주목했다. 신자들은 "**그리스도께서 우리를 받**"음과 같이 서로 받아야 한다(롬 15:7). 신자들은 "**그리스도께서** 너희를 사랑하신 것 같이 너희도 사랑 가운데서 행"해야 한다(엡 5:2). 신자들은 그리스도 예수 안에 있던 **바로 그 마음을** 가져야 한다(빌 2:5). 그리고 신자들은 **주님이** 자신들을 용서하신 것 **같이** 용서해야 한다(골 3:13).

베드로도 예수님은 모범을 보이셨다는 것을 강조했다. "이를 위하여 너희가 부르심을 받았으니 그리스도도 너희를 위하여 고난을 받으사 너희에게 **본**을 끼쳐 그 자취를 따라오게 하려 하셨느니라 그는 죄를 범하지 아니하시고 그 입에 거짓도 없으시며 욕을 당하시되 맞대어 욕하지 아니하시고 고난을 당하시되 위협하지 아니하시고 오직 공의로 심판하시는 이에게 부탁하시며"(벧전 2:21-23).

바울은 하나의 모범이었다

바울은 진리를 **전할** 뿐만 아니라 제자도의 **모범**을 보였다. 성경에 따라 사는 것을 "우리에게서 배워"라(고전 4:6), "너희는 나를 **본받는 자**가 되라"(고전 4:16), "내가 그리스도를 **본받는 자**가 된 것 같이 너희는 나를 **본받는 자**가 되라"(고전 11:1), "형제들아 너희는 함께 나를 **본받으라** 그리고 너희가 우리를 **본받은** 것처럼 그와 같이 행하는 자들을 눈여겨 보라"(빌 3:17), "너희는 내게 **배우고 받고 듣고 본** 바를 행하라 그리하면 평강의 하나님이 너희와 함께 계시리라"(빌 4:9). 이 4개의 동사에 주목하라. 모두 배우는 함의를 지니고 있다. 이 네 단어는 모범과 관계가 있다. "너희는 내게 본 바."

바울은 자신이 데살로니가 사람들의 한가운데서 어떤 사람이 되었는지 그리고 그들은 어떻게 자신을 **본받아야** 하는지에 대해 썼다(살전 1:5-7). "우리의 수고를 기억하라"(살전 2:9-12). "[너희가] 어떻게 우리를 본받아야 할지를 너희가 스스로 아나니…오직 스스로 너희에게 **본**을 보여 우리를 **본받게** 하려 함이니라"(살후 3:7-9).

바울은 디모데를 위한 모범이었다. "나의 교훈과 행실과 의향과 믿음과 오래 참음과 사랑과 인내와…그러나 너는 배우고 확신한 일에 거하라 너는 네가 누구에게서 배운 것을 알며"(딤후 3:10, 14).

교회의 교사들은 모범이 되어야 한다

성부는 예수님에게 모범을 보이셨다. 예수님은 제자들에게 모범을 보이셨다. 바울은 신자들에게 모범을 보였다. 신약은 또한 교사들은 학습자들에게 모범이 되어야 한다고 강조한다. 디모데는 신자들에게 **본**을 보여야 했다(딤전 4:11-16). 바울이 디모데에게 다른 사람들을 가르칠 수 있는 충성된 사람들을 확보하라고 명했을 때 모범이 내포되어 있었다(딤후 2:2). 디도는 "선한 일의 **본**"(딛 2:7)이 되어야 했다. 장로들은 양무리의 **본**이 되어야 했다(벧전 5:1-3). 신자들은 지도자들의 삶을 생각하고 "그들의 믿음을 **본받**아야 했다(히 13:7).

모범이나 본을 보이는 것은 신자들로 이루어진 교회인 충성된 사람들의 자발적인 공동체에 잘 들어맞는다. 가르침은 사람들에게 해야 할 것을 명령하거나 말하는 문제가 아니다. 오히려 그것은 사람들에게 제자도의 삶을 사는 교사들과 지도자들을 따르도록 초청하는 것이다. 그러한 사람들은 모든 사람이 그리스도를 따르는 사람이 된다는 것이 무엇인지를 알도록 나타내고 입증한다.

히브리서에서 저자는 충실함을 요구할 때 이렇게 말했다. "우리가 간절히 원하는 것은 너희 각 사람이 동일한 부지런함을 나타내어 끝까지 소망의 풍성함에 이르러 게으르지 아니하고 믿음과 오래 참음으로 말미암아 약속들을 기업으로 받는 자들을 본받는 자

되게 하려는 것이니라"(히 6:11-12).

이 모든 것은 예수님의 기본 원리를 강조한다. "제자가 그 선생보다 높지 못하나 무릇 온전하게 된 자는 그 선생과 같으리라"(눅 6:40).

이 책은 교회 지도자들이 회중들을 위한 가르침의 사역을 그들의 시간과 장소에서 공부하고 논의하고 심사숙고하는 것을 돕기 위해 준비한 것이다. 이 과정에서 첫 번째 단계는 회중과 및 그것이 어떻게 가르침/배움을 위한 정황을 제공하는지를 고려하는 것이었다.

다음 단계는 한편으로는 [초기교회개] 무엇을 가르쳤는지를 알아보기 위해서 그리고 다른 한편으로는 어떤 가르침의 방법들을 사용했는지를 알아보기 위해서 신약으로 주의를 돌리는 것이었다. 이 내용을 사용하여 여러 지역에 있는 교회 지도자들이 사도들 이후로 수 세기를 메울 뿐만 아니라 성령의 인도하심 하에서 자신들의 시간과 장소를 위한 가르침의 사역의 형태를 분명히 이해하기를 바란다.

많은 사람에게 있어서 목표는 가르침의 사역의 본질을 이해하는 것이리라. 다른 사람들에게 있어서 추가적인 목표는 커리큘럼 자료들을 개발하는 것이리라. 어느 경우이든지 간에 이 책의 목적은 회중의 지도자들이 가르치라는 주님의 분부를 진지하게 그리고 깊이 고려할 때 성취된다.

주

1) J. C. Wenger, *The Way to a New Life* (Herald Press, 1977)을 보라. 또한 David A. Shank, "Toward an Understanding of Christian Conversion," *Mission Focus*, November 1976, Vo. V. No. 2를 보라.
2) J. C. Wenger, *What Mennonites Believe* (Herald Press, 1977), p. 34를 보라.
3) 이러한 공동체 개념과 많은 다른 개념들에 대한 그 이상이 전개에 관해서는 Norman C. Kraus, *The Community of the Spirit* (Eerdmans, 1974)을 보라.
4) John Driver, *Community and Commitment* (Herald Press, 1976), chapter 5; Martin E. Miller, "The Gospel of Peace," *Mission Focus*, September 1977, Vol. VI, No. 1; and J. C. Wenger, *The Way of Peace* (Herald Press, 1977)을 보라.
5) Millard C. Lind, *Biblical Foundations for Christian Worship* (Herald Press, 1973)을 보라.
6) λατρεία (latria, 라트레이아). 신약은 본래 헬라어로 쓰였고 성경의 본래 의미를 놓치는 것을 막기 위해서 헬라어 단어들에 민주를 틸았나는 것에 수의하라.
7) προσκυνέω (proskuneo 프로스쿠네오)
8) λυιμεια (latria, 라트레이아).
9) Driver, 4장을 보라.
10) Driver, 6장을 보라.
11) 출 19:6; 이사야 61:6; 벧전 2:9; 계 1:6; 5:9, 10.
12) J. C. Wenger, *Disciples of Jesus* (Herald Press, 1977)을 보라.
13) Marlin Jeschke, *Discipling the Brother* (Herald Press, 1972)을 보고 또한 Driver, 3장을 보라.
14) Paul M. Lederach, *The Spiritual Family and the Biological Family* (Herald Press, 1973)을 보라.
15) τελειόω (teleioo, 텔레이오).
16) διδάσκαλος (didaskalos, 디다스칼로스).
17) μαθητής (matheetees, 마데테스).
18) διδάσκω (didaskoo, 디다스코).
19) διδάσκω (didaskoo, 디다스코).
20) μανθάνω (manthanoo, 만다노).
21) μαθητής (matheetees, 마데테스).
22) παιδεία (paidia, 파이데이아).
23) παιδεύω (paiduoo, 파이듀오).
24) καταρτίζω (katartizoo, 카타르티조).
25) διδαχή (didakee, 디다케).
26) "하나님께 감사하리로다 너희가 본래 죄의 종이더니 너희에게 전하여 준 바 교훈의 본을 마음으로 순종하여"(롬 6:17).
27) διδάσκαλìα (didaskalia, 디다스칼리아).
28) παράδοσις (paradosis, 파라도시스).
29) παρακαταθήκη (parakatatheekee, 파라카타데케).
30) υγιαινόντων λόγων (hygiainontoon logōn, 후기아이논톤).
31) παραλαμβάνω (paralambanoo, 파라람바노).
32) παραδίδωμι (paradidomi, 파라디도미).
33) παράδοσιν (paradosin, 파라도신).

34) κηρύσσω (keerussoo, 케루소).
35) καταγγέλλω (katangelloo, 카탕겔로).
36) κηρύσσω-διδάσκω (keerussoo-didaskoo, 케루소-디다케).
37) διδάσκαλία (didaskalia, 디다스칼리아).
38) κηρύσσω (keerussoo, 케루소).
39) διαλέγομαι (dialegomai, 디알레고마이).
40) εὐαγγελίζω (ūangelizoo, 유앙겔리조).
41) λάλέω (laleoo, 랄레오).
42) παρακάλέω (parakaleoo, 파라칼레오).
43) παραγγέλλω (parangelloo, 파랑겔로).
44) μιμεομαι (mimeomai, 미메오마이).
45) μιμητής (mimeetees, 미메테스).
46) τυπος (tupos, 투포스).